왕년의 교사

아해사랑 이야기

이경란

왕년의 교사

아해사랑 이야기

이경란

도서출판 디자인21

프롤로그

정년퇴직 무렵 찾아온 코로나는 해외여행 대신 손녀와 보내는 시간을 만들어 주었다. 아들을 키우던 시절을 돌아보는 시간이 되었다. 글을 쓰다 보니 내 삶을 좀 더 세세하게 들여다볼 수 있었고, 아이의 입장에서 생각해 보려고 노력하는 내 모습이 보인다. 나는 글 속에서 과거의 나, 어린 시절 나, 어린 시절 아들, 손녀의 시각으로 세상을 보기도 한다. 미처 생각하지 못했던 마음들이 나타난다. 그 마음들을 그려보기로 했다.

우리가 학생시절을 보낼 때와는 학교도 교실도 많이 바뀌었지만 아이들은 더 많이 달라졌다. 디지털시대, AI시대에 살고 있고 개성 또한 강하다. 우리 시대 선생님들은 50명의 아이들을 일사불란하게 움직일 수 있게 했다. 아이들 스스로 그렇게 해야 되었으니까. 코로나 시대를 겪으며 교실의 환경도 많이 달라졌을 것이다. 개개인의 특성에 맞게 활동하도록 해 주어야 한다. 그러나 아직 학급당 학생 수는 저 출산 시대임에도 불구하고 크게 변하지 않은 것으로 보인다.

'아해사랑'이라는 블로그를 오래전에 만들었다는 것을 생각하게 되었다. 그걸 만들 때, 퇴직 후에도 아이들의 행복을 위해 조그만 일이라도 해 보겠다고 다짐했었다. 그 다짐을 실천해 보기 위해 아주 작은 일이지만 찾아보려고 했다. 아이들이 행복하려면 부모가, 보호자가 행복해야 하고, 교사도 긍지를 가지고 교단에 설 수 있어야 한다.

2012년, 오래전 일이다. 핀란드로 교육연수를 갔을 때, 특별한 교육을 하는 학교방문을 하게 되었다. "아무리 애를 써 봐도 잘 다루기 힘든 아이들은 어떻게 하고 있는가요?"하는 우리 일행의 질문에 대한 답을 듣고 놀란 적이 있다.

"이 세상에 끝까지 힘들게 하는 아이는 없다. 아이의 마음을 열 수 있도록 최선을 다해 상담해야 한다. 그것으로도 안 된다면 그 아이는 어딘가 아픈 아이이니 치료적인 도움을 받아야 한다."

현재 우리 아이들이 자라는 세상은 이 방향으로 가고 있다. 그러나 학급당 학생 수가 줄지 않는 교실은 선생님과 아이들 모두가 더 많이 부대끼는 힘든 세상이다. 코로나 시기를 겪으며 교실 풍경이 달라졌었다. 학급당 학생 수가 절반이하로 줄었다. 학생 간 거리유지로 분쟁이 적었다고 한다. 코로나 이후 학생 간 거리유지가 원상 복귀되면서 갈등상황이 분출되고 있는 것으로 보인다.

코로나 이전 학교에서 근무하던 그 시절, 많은 아이들이 힘들어하는 과정을 보아왔다. 그 힘든 것이 선생님께로 향하는 것을 본 적도 있다. 선생님도 아이들도 힘들어졌다. 학부모의 가정이 가정불화로 하루 아침에 붕괴되어 아이가 힘들어지는 과정을 본 적도 있다. 학교 구성원의 힘든 과정들이 최소화되기를 바란다. 선생님도 학부모도 아이들도 행복한 세상이 될 수 있도록 조그만 힘이라도 보태고 싶었다.

글을 쓰며, 비록 몸은 학교를 떠났지만 내 마음은 학교 주변에 머물고 있다는 것을 알게 되었다. 즐거웠던 일, 행복한 일들도 많았지만 힘든 선생님들의 이야기가 들려오자, 내가 겪었던 그 일들이 다시 떠올랐다. 어려운 아이들 이야기가 들려오면, 내가 보았던 그 아이들이 생각났다. 힘들었던 선생님들, 어려움 겪었던 그 아이들을 위해 기도하게 된다. 그때의 일들을 되새겨 보게 된다.

'스승의 그림자도 밟지 말라'는 말이 있던 시절이 있었다. 그건 오래된 옛날이야기가 되었다. 그게 무슨 말인가? 이젠 스승이라는 말조차 사라지려 한다. 오히려 교사들의 수난 시대라 해도 과언이 아니다. 그들을 위해, 우리 소중한 아이들을 위해 먼저 경험했던 이야기를 고백하듯 하고 싶어 진다.

그 이야기들을 담아 아이들과 함께 하는 사람들의 마음을 읽어 주고 싶다는 생각이 앞서 이 책을 펴내게 되었다. 그게 결국 아이들을 위한 것이리라 믿는다. 미미할지라도 내 경험의 글이, 아이들을 향한 지나친 사랑에 대해서는 예방백신, 가까이하기 힘든 사랑에 대해서는 알맞은 영양제가 될 수 있으면 좋겠다고 감히 바래 본다.

오늘도 선생님과 아이들은 교실에서 하하 호호 즐겁게 지내는 날이 더 많다. 감동의 시간을 보내는 시간이 더 많다고 보아야 한다. 많은 선생님들은 묵묵히 자기가 한 해 동안 맡은 아이들을 위해 자기의 시간을 오롯이 헌신할 마음으로 아이들과 함께 하고 있다.

인기리에 방송되었던 『TV는 사랑을 싣고』라는 프로그램을 많은 사람들이 기억하고 있을 것이다. 그곳에서 찾고 있는 사람 중 단연 1위가 선생님이었다. 어렸을 때 힘든 손을 잡아 준 분 중에 많은 사람이 선생님을 기억하고 있다. 사랑 가득한 일들은 학교 안팎에서 늘 있어 왔다. 많은 분들이 선생님들의 노고를 기억해 주기를 바란다. 아슬아슬했던 시간들이 떠오르기도 하지만, 아이들과 즐거웠던 일, 보람 있었던 일들이 떠올라 추억으로 미소 짓게 해 주는 시간이 더 많다.

많은 분들이 『왕년의 교사 아해사랑 이야기』를 보고
따뜻한 시선의 미소가 번지면 좋겠다.

차례

전학생 라니 / 99

학교 밖에서 / 123

왕년의 교사

자기 결정권

시은이가 삐졌다. 큰손녀 순서가 되었으니 세 살 동생이 타고 있는 유모차 뒤편에 올라타라고 해도 타지 않고 곧장 직진해서 가고 있다. 고개를 푹 숙이고서….

"이번엔 시은이 순서이니 시은이가 타자."

내가 불러도 대답도 없이 고개를 숙이고 앞으로만 간다.

"…"

"시은아, 시은아!"

"…"

단단히 토라졌다. 두 손녀가 다섯 살이다. 6월생 다섯 살 시은이가 큰아들의 딸, 큰손녀이다. 8월생 다섯 살 은아는 작은애 딸인 작은손녀다. 내 생일 겸, 온 가족이 모처럼 하게 된 온천여행이다. 숙소 근처 활옥 동굴 관람 코스로 안에 있는 작은 호수에서 보트도 타면서 하루를 보내기 위해 동굴 안을 걸어가고 있다.

큰아들은 둘째가 어리니 유모차를 가지고 왔다. 요즘 유모차는 형제가 있는 아이들을 위해 특별한 장치가 부착되어 있다. 아기가 앉는 자리 외에 부모가 유모차를 밀어주는 손잡이를 큰아이가 함께 잡고 뒤편 발판에 올라서서 같이 운전하듯이 서 있을 수 있도록 조립되어 있었다. 두 명이 올라설 수는 없고 한 명만 올라설 수가 있는 그 자리는 당연히 시은이 차지이다. 아직 동생이 없는 은아는 그런 유모차는 필요도 없었지만, 오늘 처음 보았다. 시은이가 타고 있는 모습을 보니 자기도 그 자리에서 타고 싶어 한다. 타고 싶다고 칭얼대고 있더니 기회를 봐서 뺏어서 탈 기세다.

실랑이가 벌어질 즈음 교통 정리를 하기 위해 나섰다. 일정 구간까지 시은이가 타고 다음은 은아가 타기로 하자고 천천히 설명해 주었다. 아이들이 다섯 살이지만 말을 잘 알아듣고 이해를 잘하는 편이라 쉽게 설득이 될 줄 알았다. 지난번에, 설득해서 조정했던 경험도 있고, 그게 바로 공정한 것이고 공평하다고 생각되었기 때문이다. 교직 생활 42년 만에 정년퇴직하였으며 나름으로는 학급 아이들이나 선생님들에게도 모두 공정하게 대해 왔음을 자랑스럽게 여겼으니 다섯 살 두 손녀 이해시키는 것쯤은 누워서 떡 먹기가 아니겠는가! 잘 이해하고 따라 주리라 생각했다. 왕년에 교사라는 생각으로.

일 전에 손녀들을 좀 봐 달라고 하여 함께 놀이터에서 놀았던 날의 일이다. 그때는 아이들이 타는 쌩쌩이 보드를 둘째네 손녀, 은아만 갖고 왔었다. 은아는 자기 것이라고 자기만 타려고 했다. 그래서 둘이 같이 타야 한다며 규칙을 정해서 설명했다. 일정 구간을 은아가 먼저 타고 내가 정해 준 지점이 되면 시은이가 타는 것이다. 내가 지휘했다. 큰 소리로 구령을 부르듯 소리를 치면서 중지하고 나의 지휘에 따라 서로서로 교대로 탔다. 은아가 처음엔 완강히 거부하다가 반복해서 이야기하니 어쩔 수 없이 교대로 타게 된 것이다.

그 경험이 있었기 때문에 이번에 유모차 뒤편에 타는 것도 잘 이야기하면 되겠다고 생각했다. 그런데 일정 구간을 정하고 교대로 타도록 지휘했으나 교대를 안 해 주려 하는 것이다. 끈질기게 이야기했더니 그 자리에서 내려오기는 했는데 내려오는 표정이 좋지 않았다. 그리고 정해 준 구간까지 은아가 좀 타고나서, 다시 시은이 차례라고 했지만 안 타겠다는 것이다. 불러도 소용없이 앞으로 가버리는 것이다. 정말 단단히 삐친 것이다. 난감했다.

그 난감한 상황에서, 화려한 불빛과 함께 동굴 안 호수가 나타나고 신기한 보트를 타야 할 때가 되자 시은이도 삐진 기분을 잊고 다시 신나게 보트를 타게 되었다. 동갑 사촌 동생 은아와 함께 노는 것을 좋아하는 시은이는 둘이 함께 보트에 타도록 해 주겠다고 하니 좋아한다. 시은이의 기분이 풀어져서 다행이다.

이젠 동굴에서의 나들이를 마치고 밖으로 나갈 때가 되었다. 밖으로 나가는 동안 또 시은이와 은아의 유모차 뒷자리 차지에 대한 문제가 생겼다. 이번엔 작은아들이 유모차를 밀어주며 아이들과 이야기를 나누었다.

"그래, 알았어. 이 유모차는 시은이네! 거야, 유모차 자리 양보는 시은이가 결정할 거야, 그렇지?"

"네."

시은이가 기분 좋게 대답했다.

"결정권은 시은이에게 있어. 시은이가 양보해 주고 싶을 때 양보해 주는 거야."

결정권이 자기에게 있다는 작은아들의 말에 기분이 좋아진 시은이가 말했다.

"내가 쉬고 싶을 때 은아가 타."

은아는 결정권 이야기에 두 말을 못 하고 유모차 뒤쪽 서서 가는 자리가 아니라 유모차 앞쪽 앉는 자리로 올라가서 사촌 동생 기은이 뒤에 자리 잡고 앉았다. 시은이는 결정권이 자기에게 있다는 말에 매우 흡족한 표정으로 뒤쪽 발판에 서서 즐겁게 나들이를 마칠 수 있었다.

자기 결정권, 매우 중요한 권한이다. 은아의 것인 생생히 보드를 타는 권한, 시은이의 유모차 뒷자리 차지에 대한 중요한 권한을 할머니가 강제로 결정했다. 남이 소유주의 권한을 무시하는 결정을 한 것이다. 그리고 아이들은 억울해도 참고 있었다. 그때 당했던 시은이, 은아의 표정이 떠올랐다. 정말 억울해하는 표정이었다. 세상에 억울한 사람은 없어야 한다고 생각하면서도 손녀들에게 억울한 일을 만들어 주었다.

예전에 아들의 차를 자주 빌려 탔던 일이 생각났다. 그때 어떤 방식으로 빌려 탈 수 있었나? 내가 엄마이지만 빌려 탈 때마다 아들의 허락을 받아서 탔다. 그리고 당연히 아들이 사용하지 않는 시간에 쓸 수 있었다.

나는 내가 어른이라는 이유로 은아의 쌩쌩이가 은아 것인 것을 인정하지 않았다. 그리고 시은이의 유모차도 소유자가 시은이라는 것을 인정하지 않았다. 무조건 둘이 공평하게 타라고만 했다. 사용에 관한 것만 똑같이 시간을 정해서 공정하게 하라고 했다. 둘 다 억울한 표정으로 토라지고 삐졌었다. 시은이는 작은아빠가 소유권을 인정해 주면서 결정권이 자기에게 있다고 하니 억울했던 마음이 사라졌을 것이다. 세상에는 내가 결정해야 하는 결정권을 강제로 남이 하게 되는 경우가 있다. 얼마나 억울한 일이겠는가!

"결정권은 시은이에게 있어." 소유권을 인정해 주는 작은아들의 말이 내 머리에 맴돈다.

〈2023년 1~2 격월간 에세이스트 107호 수록 일부수정〉

환대

어린이집 입구에서 205번을 누르고

"오은아, 데리러 왔습니다."

하고 들어가서 기다리고 있었다.

2층에서 선생님이 3살짜리 귀여운 우리 손녀와 오순도순 이야기하며 내려오고 있었다. 은아가 나를 보더니 갑자기

"엄마, 아빠 아냐~~ 엄마, 아빠 아냐!! 엉엉~"

어린이집 현관 바닥에 쓰러지듯 펄썩 큰 대 자로 엎어져 소리 지르며 운다. 당황해하는 선생님과 주변의 몇몇 학부모, 아이들의 시선이 느껴졌다. 참, 난감하다.

'만나면 반가워할 줄 알고 기다리고 있었는데 이게 웬 날벼락인가!'

손녀도, 선생님도 엄마인 줄 알고 내려오고 있었나 보다. 그런데 막상 할머니가 기다리고 있었으니 엄마아빠 아니라며 대성통곡이 난 것

이다. 그 난감한 상황을 당하고 있는 처지이면서도 남들이 쳐다보든 말든 그게 내 눈엔 귀엽게 보이니 야릇하다. 엎어져 있는 은아를 끌어안으니 내 귓속에 대고 살짝 말하는 게 있다. "코코"

운전하며 집에 가는 동안 차 안에서 동영상 코코를 보여 달라는 협상을 하는 것이다. 그 짧은 시간에 동영상 「코코」까지 생각하고 있었다. 참, 깜찍하다. 30분 넘게 걸리는 집까지 은아와 멀리 창밖을 보며 이야기하거나 신호등 신호에 맞추어 놀이도 하며 가는 게 더 좋을 것이라는 왕년의 교사 생각으로 보여주지 않았다. 할머니 좋아하지 않을 일을 하고 있었다.

일곱 달 만에, 모두를 깜짝 놀라게 하고 태어난 은아는 둘째아들의 딸이다. 우리도 두 아들을 키울 때 부모님께 극성스럽다는 말을 들어왔지만, 아들 며느리는 우리가 아들을 키울 때 보다 더 극성스럽게 은아에게 대한다. 남편이 가끔 TV를 보다 불편한 말을 하면 아들이 싫은 눈치를 주기까지 한다. 그것도 은아 몰래…. 우리는 천상의 선녀 앞에 서 있는 듯하다. 그런 은아가 나를 완전히 녹이는 일이 있었다.

아들 며느리가 퇴근하여 우리 집으로 온다고 한 어느 날 저녁, 독서 모임이 있어서 밤늦은 시간에 집에 들어가게 되었다. 늘 아이들이 올 때는 집에 있었는데 그날은 내가 없었다. 손녀는 집에 오자마자 가족을 하나하나 찾다가 내가 없으니, 한참을 '할머니 할머니'하고 찾았을 것이다. 남편이 없을 때도 은아는 이방 저방 다니면서 '할아버지 할아버지'하고 찾곤 했었다. 내가 문을 열고 들어가자, 며느리의 "할머니 오셨다."하는 소리가 들렸다. 그러자 현관까지 마중 나온 은아가 두 손을 들고 뱅글뱅글 돌면서 "할머니! 할머니!" 신나게 춤을 추며 반겨 주었다. 무대 위 많은 사람 앞에서 환호와 환영의 박수를 받으며 나타나는 가수도 이보다 더 기쁠 수 없을 것 같다. 이렇게 온몸으로 표현하는 환대를 받기는 난생처음이다. 은아를 꼬오옥 안아 주었다.

'엄마 아빠 아니야~~?, 할머니인데? 하하~~ '

어린이집에 은아를 데리러 갔을 때, 낯선 사람도 아니고 거의 매일 보는 친할머니인 나를 보고 아빠·엄마 아니라며 큰대자로 뻗어 울면서 대놓고 망신을 주었던 그날의 은아가 아니었다. 오직, 아빠·엄마만 찾는 손녀가 할머니를 기다리다 나타나자, 춤을 추며 환대를 한 것이다.

'이런 신기한 날도 있구나.'

'이것이 엄마아빠가 옆에 있을 때, 은아의 모습이로구나.'

가만히 생각해 보니, 다른 사람을 환대할 줄 아는 은아는 엄마아빠가 옆에 있을 때이다. 모든 게 편안한 그 자체다. 은아의 마음도 넉넉해진 것이다.

작은아들이 네 살 은아 나이쯤이었을 때의 일이었다. 학교에서 장기간 숙박을 하며 교육받는 출장 연수가 있었다. 고민 고민을 하다 작은애를 친정에 맡기기로 했다. 내가 떠나는 것을 보면 아들이 울 것 같아서 몰래 친정집을 빠져나왔다. 그날 밤과 다음날까지 아들이 잠을 못 자며 많이 울었다고 했다. 전화로 아들이 운 이야기를 듣고 마음이 매우 아팠다. 교육을 마치고 아들을 데리러 간 날, 활짝 반기는 아들을 떠올리며 왔는데 표정은 그리 좋아 보이지 않았다. 그제야 변명하며 아들의 이해를 구하려고 노력했다. 그리고 서럽게 우는 아들을 한참을 안아 주니 내 눈에 눈물이 맺혔다.

모처럼 친정 식구들과 모여 앉아 그간의 이야기를 하고 있다가 화장실을 갈 일이 있어서 무심코 일어났다. 그때 갑자기 옆에 앉아 있던 아들이 깜짝 놀라듯이 발딱 일어서는 것이다. 그리곤 화장실까지 따라왔다. 불안해하는 눈망울의 아들 눈동자, 나는 그날의 모습, 상황을 잊지 못한다. 믿을 수 없는 엄마가 되었구나.

'쪼그만 아들이 엄마가 또 사라질까, 봐 이러는구나.'

이건 정말 해서는 안 되는 일이었다는 것을 나중에야 깨달았다.

'그렇게 하는 것은 엄마에 대한 불신을 자녀에게 주는 것이라고….'

아무리 아이가 울어도 설명하고, 최대한 이해를 시키고, '빠이빠이' 인사를 하면서 헤어지는 과정을 거쳐야 한다는 것을…. 항상 그때 일을 생각하면 미안하다. 가끔 아들과 그 일을 이야기할 때도 있지만, 아직 미안하다고 말하지는 못했다. 네 살 때의 일이지만 아들은 그날의 상황을 분명히 기억하고 있었다. 그때 일을 기억하는지 물어본 적이 있다. 작은아들은 또렷하게 말했다. 엄마가 몰래 가버렸다고….

'아들, 미안해'

그래서 그런지 아들은 자기 딸 은아에게 못 알아듣는 나이인 것 같은데도 끝없이 설명하고 이야기한다. 내가 했던 좋지 않은 일에 대해서는 반대로 실천하려고 애쓰는 것 같다.

'그래, 좋지 않은 모습을 보고도 배울 수 있는 게 있다고 하지 않던?'

은아가 할머니인 나를 환대한 건 엄마아빠인 너희들이 옆에서 편안함을 주었기 때문이지. 왕년의 교사, 이제야 깨닫네. (2022. 7. 19)

〈2022년 격월간 에세이스트 발간
『가을 숲에서 수화를 듣다』 연간집 수록 수정본〉

지우개

7개월 만에 태어나 우리 가족의 애틋한 마음을 받으며 자라고 있는 그분, 손녀 은아. 이제 다섯 살이 되었다. 몸이 약한데 막 뛰어다니면서 어둡도록 놀고 싶어 하니, 남편은 걱정도 되고 따라다니기도 힘들어한다. 맞벌이하는 작은아들 내외를 대신해서 유치원 하원 도움을 주고 있는데 내가 저녁 식사 준비를 핑계 대니, 남편이 주로 손녀를 데리러 간다. 은아를 유치원에서 데리고 나와서 집으로 오려고 하면, 뒤도 안 돌아보며 놀이터 방향으로 뛰어가 버린다고 한다.

우리 부부 둘만 있는 집은 늘 적막하다. 가끔 남편이 집에 있는지 불러 보기까지 해야 한다. 오늘은 남편의 눈치작전에 져서 내가 유치원으로 갔다. 만나는 순간부터 은아의 머리에 떠오르는 생각들이 목소리가 되어 둥둥 떠오르며 그대로 표출된다. 적막이 사라지는 시간이다.

"할아버지가 아니네? 할머니가 왔네."

"할아버지 바쁜 일 있어서…."

"아빠가 할아버지 온다고 했는데? 호 홋!"

내 머릿속은 은아를 얼른 집으로 데리고 가고 싶은 마음에 "날씨 춥지? 어여 가자." 유아용 쌩쌩이 보드를 집 방향으로 대기시켜 놓고 서둘렀다.

"알았어요. 할머니."

유치원에서 나오면 놀이터로 가서 한 시간은 놀아야 하는데 오늘은 그대로 간다고 한다. 다행이라는 생각이 든다. "알았어요. 할머니." 그 분의 이 말씀이 황송하기 그지없다.

집으로 가는 길지 않은 길이지만 그 사이에 마음이 변하지 않도록 최선을 다해야 한다. '놀이터'와 같은 다른 생각이 떠오르지 않도록 즐겁게 해줘야 한다.

"할머니, 입이 아파요."

"어디 어디?"

입가가 약간 볼그레했다. 아침에 며느리가 은아 입가가 약간 아프다고 하니, 약 대신 '립밤'이라도 발라주면 좋겠다고 했던 것이 생각났다.

"알았어. 집에 빨리 가서 약 발라 줄게."

길가의 나무, 풀, 길바닥의 돌멩이, 작은 생물…. 끊임없이 이어지는 길가의 유혹을 물리치고 무조건 집으로 빨리 가야 하는 구실이 하나 더 생겼다. 그분의 머리에서 떠오르는 생각들이 쌩쌩이 보드 뒤로 둥둥 떠오르며 재잘재잘 뿜어져 나오고 있다. 다행히 집으로 직행했다. 감사한 일이다. 무사히 집에 도착했다.

"할부지, 왜 안 왔어요?"

"할부지 바빴어요."

그분이 집에 도착하자 적막강산인 집안은 또 사람 사는 맛이 난다. 집안 가득 은아의 청아한 목소리가 쉴 새 없이 들린다.

"이건 아빠 선물이에요. 유치원에서 아빠 선물 만들었어요. 이건 오다가 주웠어요. 오늘은 아빠가 7시에 온다고 했어요. 아빠, 엄마 같이 오면 좋겠어요. …."

물어보지 않아도 유치원에서 있었던 일, 오면서 있었던 일들이 생각나는 대로 그분의 목소리로 그대로 쏟아져 나온다. 요즘 말이 너무 많이 늘어서 손녀가 집에 있는 시간은 온통 재잘재잘 손녀의 말소리로 가득 찬다.

서둘러 저녁을 준비해서 그분이 식사할 수 있도록 해 주었다. 놀면서 하는 저녁 식사 시간은 거의 한 시간 반 정도 걸린다. 빨리 먹이고 싶어 숟가락 가득 밥을 떠서 그분의 입에 밀어 넣으려 했다. 그분은 입을 좀 크게 벌리다가 밥숟가락을 밀어내며 갑자기 "아야." 한다. 그리고 자기 입을 손가락으로 가리킨다.

"입 아프다고 했잖아. 밥 조금!"

“할머니가 깜빡했어. 미안혀.”

눈꼬리를 흘깃하며 나를 쳐다보더니 한마디 한다.

“할머니 머리에 지우개가 있나 봐.”

이 말을 손녀가 했다고 하면 내가 거짓말쟁이가 되기도 할 것 같다. 이 창의적인 아이들의 말솜씨를 어떻게 하면 그대로 잘 키워 줄 수 있을까? 어렸을 때 쏟아내던 신통한 말이 자라면서 줄어드는 경우가 많다. 두 아들도 어릴 땐 신통한 말을 많이 해서 꽤 즐거워하기도 했다. 잘 키워보고 싶은 우리 부부의 욕심이 점점 늘어나 칭찬보다 부담을 얹어주고만 있었던 건 아닌지. 돌아보니 점점 과묵해지는 두 아들을 보고 「말 좀 하자」며, 대화하자며 본격적으로 앉아서 더 부담을 주기도 했던 날도 있었다. 내가 애들을 키울 때 어떻게 했는지 되돌아보게 되는 날이다.

내가 생각한 좋은 엄마

『일일 생활 점검표』가 정말 내 아이의 인생에 도움이 되었다고 생각하는 건가? 묻고 싶다. 알고 싶다. 아니, 반성한다고 해야 하나?

결혼하기 전부터 결혼하면 내 아이들에게 정말 좋은 엄마가 되겠다고 다짐했다. 아이에게 절대 큰소리로 다그치지 않겠다고 말이다. 매일 아침, '일찍 일어나라' 소리치며 깨우는 엄마의 잔소리가 싫었다. 2년제 교육대학을 나와 첫 발령을 받은 학교에서 교직 생활을 시작하자마자 4년제 사범대학으로 편입할 생각을 했다. 지금 생각하면 부끄럽기 짝이 없지만, 내 마음속에는 '엄마 이렇게 열심히 살았다.'하고 이야기할 수 있는 엄마가 되고 싶었다. 편입이 확정되자 다행히, 나는 교장 선생님께 허락을 얻을 수 있었다.

"젊은 사람이 공부하겠다고 하는데 공부할 수 있도록 도와주어야죠.

열심히 공부해서 아이들에게 공부한 것을 쏟아 주면 돼요."

내 공부가 성취감 외에 다른 사람을 위해 쓰여야 한다는 것을 일깨워 준 분이기도 하다. 일주일에 두 번은 아이들과의 수업을 마치고 하교시킨 후, 조퇴하고 일찍 나와야 했다. 학교에서 김천까지, 김천에서 대구까지 버스를 타고, 또 대구에서 시내버스를 타야 한다. 그리고 야간대학에서 세 시간의 강의를 듣고 김천 자취방으로 돌아오면 거의 12시가 다 되었다. 그렇게 자신을 옥죄며 2년을 보내었다. 내가 공부한 목적은 어디에 있었던가? 돌아보면, 2년제 대학에 들어간 것에 대한 보상을 위한 편입? '나 이렇게 열심히 살았어!'를 위한 겉치레 공부에 비중을 더 주었을지도 모른다. 그러나 나는 철저히 일과 학업에 몰두했고, 피곤하지만 늦은 밤까지 버스를 타고, 다니며 그렇게 공부하고 있는 시간 자체를 좋아하고 있었다. 전공은 생물교육이었다. 내가 전공한 생물 분야에 관한 내용에 대해 깊이 있게 잘 모른다. 동·식물 이름을 잘 모르는 게 많으니 생물전공이라 말하기 부끄러울 때도 있다. 그러나 과학 수업을 할 때면 좀 더 자신 있게 할 수 있었고 과학 분야 교육활동도 주도적으로 할 수 있었다. 그것으로도 만족할 수 없었다. 좀 더 나를 갈고 다듬고 싶었다. 퇴근 후 활동은 계속 이어졌다. 운동, 수채화, 붓글씨, 컴퓨터….

결혼을 하고 두 아들을 두었다. 아들에게 내가 생각한 좋은 엄마가 되기 위해 또 애를 쓰고 있었다. 대학원도 들어갔다. 그게 내가 생각한 좋은 엄마였고, 학교 교사로서도 최선을 다하는 모습이었다. 나는 잔소리했던 내 엄마와 다른 좋은 엄마가 되고 싶었다. 고상(?)하게 생각해 낸 것이 '일일 생활 점검표'이다. 초등학교에 다니는 아이들이 자기 생활에 좋은 습관을 들일 수 있도록 자기 생활에 대한 점검을 매일 스스로 할 수 있는 체크리스트를 만들었다. 때에 따라 조금씩 달랐지만, 독서, 일기, 운동, 학원, 줄넘기, 숙제, 학습지, 등등을 아이들과 의논한답시고 했지만, 나의 의견이 반영되도록 협의했다. 그게 내가 생각한 좋은 엄마였다. 큰아들은 엄마하고 공부하는 것이 제일 쉽게 자기에게 맞게 가르쳐 줘서 좋다고 말해주기도 했고, 내가 이야기 하는 것을 묵묵히 실천하는 긍정적인 아이다. 심지어 친구 엄마들이 큰애와 같이 엮어서 그룹공부하게 하고 싶다고 연락이 오기도 할 만큼 좋아하는 사람들이 많았다.

큰아들은 어려운 시험들을 척척 잘 해내었다. 좋은 대학에 가고, 회계사자격시험에 합격하고, S대 로스쿨까지 가더니 변호사 시험에 당당히 합격했다. 그리고 유학을 가더니 미국변호사까지 취득하고 왔다. 세상을 다 얻은 것 같았다. 내가 마치 좋은 엄마였기 때문에 아들이 잘된 것 같았다.

어느 날, 이사를 앞두고 집안의 물건들을 정리할 때, 아들이 공부했던 책과 자료들을 버려야겠다고 한다. 나는 그 소중한 자료들을 그냥 버리고 싶지 않았다. 마침, 로스쿨 공부하는 아들이 있다는 동료가 어떤 것을 공부하면 좋을지 물어봐 달라고 하기도 했고, 좋은 자료 알려주면 좋겠다고 이야기하니, 누군가 공부하고 싶어 하는 사람에게 주면 도움 될 것 같아서 쓸 만한 자료를 좀 챙겨 달라고 했다. 아들의 손때 묻은 자료 몇 가지를 유심히 살펴보게 되었다. 가만히 들여다보니 아들이 공부한 자료들과 함께 깨알처럼 쓰인 체크리스트 목록이 보인다. 큰아들 것도 있고 공무원 시험 준비 중인 작은아들 것도 있다. 둘이 글씨체도 비슷하다. 공부한 영역별로 날짜별로 꼼꼼하게 체크가 된 것도 있고 정해진 부호로 표기가 되어 있기도 했다. 아이들이 초등학교 다닐 때 똑같이 만들어 주었던 것이 떠올랐다.

'아, 이 아이들이 어렸을 때 일일 생활 점검표로 자기 생활을 점검하게 했더니, 그것을 그대로 지금까지 이어서 실천하며 스스로 체크하면서 공부하고 있었구나.'

'역시 내가 그때 했던 방식이 옳은 것이었구나.'

반가운 마음이 들었다. 퇴근해서 들어오는 큰아들에게 다정하게 물어보았다. 은근히 엄마의 공(?)을 인정해 주기를 바라는 마음으로 『일일 생활 점검표』에 힘이 들어간 목소리로 말했다. 기대에 찬 마음을 담아 아들의 표정을 보면서.

"너, 공부한 자료를 보니까 체크리스트까지 꼼꼼하게 만들어 점검하면서 했더라. 너희들 초등학교 다닐 때 엄마가 만들어 준 『일일 생활 점검표』 생각나던데?"

"……."

아들은 말이 없었다. 표정은 그리 탐탁지 않은 듯했다.

"음…. 그때 좀 힘들긴 했어요."

처음 듣는 말이다. 좀처럼 힘든 내색을 하지 않던 큰아들이 한 말이다. 아들이 힘들어했던 『일일 생활 점검표』, 그건 아들이 힘든 것을 힘들다고 표현하지 못하게 하는 장치일 뿐이었던 건 아닐까? 집에서조

차 아들에게 편안하게 따뜻하게 대해 주는 엄마이기보다 보통의 엄마와는 다른 엄마이기를 택한, 집에서도 선생님이었을 수 있다. 내가 생각한 좋은 엄마, 내 엄마의 잔소리하는 모습보다 더 나은 엄마의 모습이 아니었던 건지도 모른다.

당당했던 엄마가 사라졌다

"나는 우리 엄마를 별로 안 좋아해."

사람들과 이야기를 나누다 보면 모녀간의 정에 대해 그 어떤 사랑보다 찐하고 깊이 있게 이야기하는 것을 듣게 된다. 나는 그렇지 않았다. 그런 사람들이 부러웠다.

나의 친엄마를 안 좋아한다고 사람들에게 말한 적도 있다. 여동생들과도 만나면 엄마에 대한 불편한 마음으로 수군거리기도 했다. 내가 느끼기에 엄마는 우리 육 남매를 키울 때 남녀 차별을 했다. 여동생들과 나는 그게 싫었다. 지금도 엄마는 차별하지 않았다고 말하지만, 항상 남자가 우선이었다. 은연중에 익숙해져서 남녀 차별을 당연하게 받아들이고 있었는지도 모르겠고, 남녀 차별을 남녀유별로 생각했는지도 모르겠다.

어린 시절 잠이 많은 나는 아침이 싫었다. 늦게 일어난다며 소리 지르는 엄마의 잔소리 때문이다. 한 번도 잔소리나 꾸중을 안 하시는 아버지와 너무나 대조적이다. 엄마는 내가 공부하는 척 앉아 있다가 잠시 틈이 있으면 집안일을 끊임없이 해야 했다. 6남매 맏딸인 내가 많이 도와야 한다는 것은 알지만, 끝이 없는 집안일은 어린 내가 느끼기에는 힘들었다. 집을 떠나고 싶을 때도 있었다. 설거지, 청소, 빨래, 온갖 심부름 등 심지어 6학년 졸업 후 봄방학에 태어난 막내 남동생의 산후바라지도 했다. 일회용 기저귀가 아닌 천으로 된 기저귀, 아기 옷, 엄마 빨래, 그리고 미역국 끓이는 것 등 쉽지 않았다. 손도 시리고 몸도 추웠다. 겨울이라 손은 퉁퉁 붓고, 갈라지기도 했다. 엄마의 입과 나의 몸으로 그 일들을 했다고 할 수 있다. 그렇게 키운(?) 막냇동생에 대해서는 가끔 내 아들 같은 느낌을 받기도 한다.

박봉의 공무원 아버지의 수입에만 의존하는 우리 집 형편에 서울 유학은 힘들 것이었다. 이를 알 만한 나이인 중학교 3학년 때였다. 서울의 여고에 입학원서를 넣으려고 사촌 언니께 부탁했다가 엄마에게 들켜 실패한 적도 있다. 대학이라도 집을 떠나서 공부하고 싶었지만, 안동에 교육대학이 있어서 그대로 포기해야만 했다. 독립은 쉽지 않았다. 그러다, 교사 발령을 먼 곳으로 받게 되어 집을 떠나게 되었다. 바로 아래 여동생과 같이 부모님 집을 나와서 자취하며 초임 시절 철없는 자유를 누리게 되었다.

결혼하고 멀리 떨어져 두 아들을 낳고 살다 보니 엄마가 이해되기도 했다. 한창 여섯 남매를 낳아 키운 엄마 나이는 20~30대였으니 지금 생각해 보면 어린 엄마였다. 내가 집안일 돕기 많이 했다고 하나 엄마 말만 따라서 했으니, 엄마가 가까이 없는 신혼살림에 자신이 없었다. 신혼 때 손님 두세 명만 올 일이 있어도 멀리 있는 엄마를 불러댔다. 음식 솜씨도 좋고 내가 부르면 좋아하시니 나 중심으로 불러댄 것이다.

그래도 여전히 당당하고 큰소리치는 엄마를 좋아하지는 않았다.

가끔 안동 친정을 내려갈 때면 대부분 집 근처에 가서 전화한다. 집에 필요한 것을 사 가기 위해서다. 서울에서 미리 전화하고 사 갈 때도 있다. 그럴 때마다 엄마 목소리가 달라진다. 큰소리로 주변을 의식하는 듯 자랑스레 필요한 것을 알려주기도 했다. 대부분 아버지가 필요하거나 좋아하는 것 중심으로 말한다. 경로당 갖고 가서 자식들이 사 왔다고 자랑할 수 있는 것을 옆 사람 들으란 듯 당당히 주문했다. 아버지가 대장암으로 수술하고 병원에 자주 입원하며 집에 잘 안 계시게 되자 최근 들어서는 다 있으니 그냥 오라고 하기도 한다. 그러면 대충 알아서 아버지가 좋아하는 것 중심으로 사 가기도 한다. 항상 나는 하고 싶은 말 다 하는 시끄러운 엄마보다 말없이 우리를 바라보는 아버지만 눈에 들어온다. 내가 보기에 아버지는 약자다.

올해 초 아버지가 돌아가시고 혼자인 엄마가 눈에 보이기 시작했다.

아버지 장례식 2박 3일 동안 엄마는 거의 잠을 안 자고 아버지 곁을 지켰다. 잔소리는 많고 너무 서두르는 엄마지만 어머니로서 아내로서 지켜야 할 것은 철저히 지키고 있었다는 것 또한 눈에 보였다. 좀 주무시라고 해도 알았다고 말은 하지만 늦게 퇴근하는 아버지를 기다리는 것처럼 앉아 계셨다. 엄마 머리는 온통 아버지와 함께 산 세월 속에 있는 것 같기도 하다. 앞으로 서울에서 안동까지 좀 멀지만 자주 가고 전화도 좀 더 신경 써서 자주 해야겠다고 마음을 먹게 되었다.

그러나 이제 나도 할머니가 되고 어린 손녀들 돌봐 줘야 할 일이 자주 생기니 뜻대로 되지 않았다. 내가 그랬듯이 두 아들은 자기들 중심으로 손녀를 좋아하는 내 마음을 안다는 듯 떳떳하게 나를 부른다. 부르면 기동 대기조처럼 달려간다. 나도 내 엄마처럼 내 자식 일이 먼저다. 나의 엄마는 늘 뒷전이 되고 있다.

안동 톨게이트다. 멀리 떠나 살고 싶었던 안동인데 이젠 더 자주 달려오고 싶은 곳이 되었다. 그렇게 떠나고 싶었던 곳인데 다시 오니 가슴이 뛰는 것은 무슨 조화인가? 어린 시절 살던 곳이고 우리 육 남매가 뒹굴던 곳이다. 아직 아버지도 계시는 듯하고 엄마가 계시는 곳이다.

"엄마, 이제 안동 왔어요, **마트예요. 뭐 필요한 것 있어요?"

늘 물어보았듯이 전화했다.

"아냐 필요한 것 없어, 다 있어. 막내가 다 사 왔어! 먹을 것도 많아."

막내 남동생을 바꾸어 준다. 옛날의 그 거침없던 엄마의 목소리가 아니다.

"누님, 수박 하나만 사 왔는데 엄마가 더 살 것이 있다고 해서 같이 마트에 가서 필요한 것 더 사 왔어요. 그런데 수박은 경로당 갖고 가겠다고 하시네요.”

“아, 그럼, 우리 먹을 수박 하나 더 사야겠네, 알았어.”

수박과 몇 가지 장을 더 보고 나와서 운전하는데 갑자기 눈물이 왈칵 쏟아졌다.

앞이 보이지 않아 운전할 수가 없어 길옆에 차를 세울 수밖에 없었다.

백유지효(伯兪之孝), 잘못을 저지른 아들이 늙으신 부모님께 매를 맞고 예전과 다르게 아프지 않아 몰래 눈물 흘렸다는 이야기가 떠올랐다. 시도 때도 없이 잔소리 쏟아내던 엄마가 사라졌다. 이젠 너무 당당히 큰소리치던 엄마가 아니다. 그리고 막 집에 온 막내 남동생을 데리고 필요한 것 사야 한다며 시장을 간 것이다.

이제 엄마는 딸인 나보다 아들인 남동생이 더 편해지기까지 한 것 같다.

몸이 멀어진 딸에게 마음도 멀어진 것인가? 언제나 당당히 큰소리치시고 필요한 것을 요구하던 엄마다. 우리 육 남매의 큰 버팀목, 내가 좋아하지 않다고 했던, 너무 당당한 내 엄마는 어딜 가신 건가! 우리가 스스럼없이 수군거려 볼 수 있는 내 친엄마.

‘언제나 당당히 큰소리쳐 주세요, 이젠 다 받아 드릴게요. 어머니, 사랑합니다.’ (2021. 7. 10.)

〈2021년 11~12 격월간 에세이스트 100호 수록, 일부 수정〉

복받으실 겨

하루 종일 아들 집에서 두 손녀를 돌보는 날이다. 가끔 큰아들이 주말에도 일이 많다며 손녀를 좀 봐 달라고 한다. 퇴직하고 특별히 할 일이 없는 나는 손녀를 봐달라는 아들의 부탁이 좋다. 남편이 운전하는 차를 타고 강변북로를 달려 함께 손녀를 돌보러 가는 그 시간 또한 좋다. 혼자 가서 손녀 둘을 돌보기는 힘들지만. 남편과 같이하면 여유롭고 재미도 있다. 아이들 식사나 간식을 챙겨 주어야 할 때도 마음 편히 준비할 수 있다.

아이들을 돌봐 주고 퇴근? 하는 시간이다. 아들 집을 나와 좌회전하면 곧바로 철도 건널목이 있다. 건널목 간수가 가림 대를 서서히 내린다. 자동차들이 줄줄이 서서 전철이 지나갈 때까지 기다린다. 이곳을 건널 땐, 거의 매번 줄 서서 기다리게 된다. 지나는 전철 차량도 많고 건너가는 차량도 줄을 잇고 있지만, 서울 도심에 아직 이렇게 건널목이 있는 곳이 있다. 여길 지날 때마다 불편함도 있지만 이 기다리는 풍경이 정겹다. 지금 그대로 오랫동안 남아 있기를 바란다. 나이가 들어서 그런 것일까? 잠시 멈추어 기다리는 시간도 좋고 느리게 건너는 건널목도 좋다. 옛것이 사라지지 않기를 바라는 마음이 점점 더 많아지는 것 같다. 건널목 가림 대가 서서히 올라가고 조심스럽게 차를 몰아 건널목을 건너 차도로 올라왔다. 그런데 뒤차가 갑자기 "빵! 빵!" 한다.

"어떤 놈이야? 여기는 30킬로야, 30킬로!! *****"

남편이 갑작스레 큰소리를 지른다. 남편의 입을 손으로 얼른 막았다. 운전하면 자주 나오는 상스러운 언어이다. 뒤차의 운전자가 바로 옆에 있는 것처럼 한 소리 하며 화를 낸다. 혹시, 앞서거니 뒤서거니 하며 서로 싸움이 될까, 봐 두려움이 앞선다. 하루 종일 갇혀 함께 손녀를 돌보느라 남편도 몸과 마음이 피곤할 것이다. 큰애는 네 살이고 작은애는 이제 막 걸음마를 떼고 있다. 잠시도 혼자 두게 할 수 없다. 끊임없이 장난감, 놀이기구로 함께 놀아주어야 한다. 그래서 더 예민해졌을 수도 있다. 나는 공연히 마음이 불편해진다.

남편은 고속도로, 자동차 전용도로이든 어떤 곳이든 정해진 속도를 잘 지키며 운전한다. 과속은 절대 하지 않는다. 그야말로 답답할 만큼 교과서적인 사람이다. 남편은 운전하는 것보다 대중교통 이용을 더 좋아하지만, 나와 함께 나갈 땐 기꺼이 운전을 맡아서 해 준다. 운전을 자주 하지 않으니, 전보다 좀 더 신경이 쓰이는 눈치이기도 하다. 오늘은 남편이 유난히 속도를 못 내고 있다고 생각하고 있었다. 느리게 운전하다 빵빵거리는 소리를 듣고 속상해하는 남편의 모습을 보니 아버지 생각이 난다.

아버지는 82세까지 운전을 하셨다. 늦게 배웠으나 면허시험 필기와 실기를 한 번에 붙었다며 참 좋아하시더니, 짧은 기간이지만 70이 넘는 연세에 작은 회사에서 운전기사를 해보기도 했다. 두 분은 늘그막에 늦게 딴 아버지의 운전면허증으로 추억의 옛 동네를 일삼아 다니시며 지내셨다고 한다. 온천을 좋아하는 엄마를 위해 기꺼이 운전해서 온천 나들이를 가던 어느 날, 뭐가 급한지 큰 트럭이 뒤쪽에서 바짝 따라오며 번쩍거리니 너무 무서웠다고 하신다.

나는 아기를 태우고 다니는 사람들이 차 뒤에 '아기가 타고 있어요.', '우리 아기 먼저 구해주셔요.' 등 귀엽게 써 붙이고 다니는 것이 생각났다. 그렇게 주의해 달라는 문구를 써 붙여 놓으면 아무래도 운전자들이 신경을 더 써 주게 된다. 아버지께도 주의 문구가 필요할 것 같았다.

그 후, 나는 부모님께 가면서

《할아버지 운전, 복 받으실 겨!!!》

A4용지에 크게 두 줄로 쓰고 코팅해서 가지고 갔다. 그리고 아버지 차 뒤쪽에 붙여 놓았다.

"아버지, 이걸 차 뒤에 붙이고 다니시면 뒤에서 빵빵거리거나 번쩍번쩍하며 다가오다가 이것 보고 조심할 거예요."

아버지가 무척 좋아하셨다. 처음엔 그리 신통하게 생각하지 않았던 것 같은 표정이었던 엄마도 그걸 붙이고 나간 후로는 '큰 차들이 빵빵거리지 않고 슬금슬금 피해 가거나 천천히 오는 것 같더라' 하며 효과가 있다고 한다. 동네 사람들도 재미있어했다고 하니, 딸이 만들어 왔다고 자랑한 것 같다.

엄마는 아버지 차를 타고 온천과 옛날 살던 곳을 함께 다니던 때를 많이 그리워한다. 요즘은 자식들에게 가고 싶은 곳을 가자고 하려니 눈치가 보이나 보다. 아버지 안 계신 지금에서야 엄마 하고 싶은 대로 운전해 주었던 분은 아버지가 유일하고 최고라고 한다. 나도 그렇다. 온갖 정성을 다해 키운 내 아들들이지만 내 마음대로 할 수 없다. 내 마음대로 할 수 있는 유일한 사람은 남편뿐이다. 나에게 맞추어 주려고 애쓰는 사람도 이젠, 남편밖에 없다. 남편이 최고다.

우리 부부가 그때의 아버지 어머니 나이는 아니지만, 손녀가 셋이나 있으니 분명히 할아버지 할머니다. 아직 우린 청춘으로 살고 싶은데…. 종종 노인들이 운전하다 돌발 사고를 내는 뉴스를 접할 때면 은근히 걱정되기도 한다. 일전에는 나이 든 연예인이 운전면허증을 반납하는 방송을 타기도 했다. 나이 든 사람은 차를 가고 나오지 않기를 바라는 듯, 고령자의 운전면허증 반납을 은근히 유도하는 것 같기도 하다. 언젠가는 그렇게 해야 하겠지만 좀 더 오래도록 운전면허증을 유지하고 싶다. 그러려면 더욱 건강관리를 잘해야 할 것이다. 남편과 함께 운전하며 자유롭게 가고 싶은 곳을 갈 수 있는 자유가 너무 좋다. 한강을 따라 남편과 강변북로를 달려 집으로 되돌아가는 길, 나는 이 길을 더 오래도록 즐겁게 운전하며 다니고 싶다. 운전하는 남편의 옆얼굴을 슬쩍 쳐다보면서 물었다.

"당신도…, 차 뒤에 《할아버지 운전, 복 받으실 겨!!!》 하고 써 붙여 드릴까요?"

남편이 코웃음을 친다. 남편의 모습에서 아버지의 모습이 살짝 보인다.

〈2022년 7~8 격월간 에세이스트 104호 수록, 일부 수정〉

그걸 버리려면 나를 버려~

"이것, 버리자."

"아냐, 그 건 쓸 거예요, 당신은 내 것만 버리려고 해…. 안 돼요."

"이 책, 버려도 되죠?"

"아니, 그건 내가 좀 더 볼 거야."

결국, 이것도 저것도 못 버린다. 남편과 이사를 앞두고 모처럼 의기투합하여 불필요한 물건은 버리기로 합심했다. 집 안 구석구석을 뒤지고 정리하느라 마음이 바쁘다. 그러나 한 달이 다 되어가지만, 그대로인 것 같다. 정리, 정리하면서 손녀도 가끔 돌봐줘야 하고, 친정어머니 생신이니 안동을 다녀와야 하기도 하고 일이 자꾸 생긴다. 남편은 유달리 요즘 들어 모임도 잦다. 일의 진전도 없다. 모든 정리의 시작은 버리는 것에서부터 시작된다고 하는데, 버리자는 것 자체는 동감하였으나 어떤 것을 버려야 하는지에 대한 생각은 또 달랐다. 우리는 서로 자기 것이 아닌 상대방의 것을 버리라고 한다. 남편은 심지어 "그건 안 돼, 그것 버리려면 나를 버려~~"라고 까지 한다.

큰아들이 대학 전공과 다른 공부를 시작하게 되자 조금이나마 학업에 도움이 될까, 해서 살던 집을 전세로 주고 큰아들 학교 가까이 이사하면서 돌아다니게 되었다. 작은아들에게도 똑같이 도움을 주고 싶어 작은아들 학교 근처로 이사를 하기도 했고, 퇴직을 앞두고는 나의 근무처 가까이 이사 와서 살게 되었다. 관악구, 마포구, 동작구를 거쳐 지금 살고 있는 강서구까지 12년이 흘렀다.

이사를 할 때마다 전세로 가면서도 집을 넓혀서 가게 되고 거기에 맞게 필요한 가구도 사게 되니 살림살이는 늘어났다. 그동안 두 아들은 졸업도 하고 결혼하여 각자 자기 집을 꾸려 나가면서 아이들이 그동안 쓰던 것들 일부는 남겨 두고 갔다. 나에게는 그것들이 아들들 대신인 것 같아 또 가지고 있게 된다. 심지어 결혼한 아들이 자기 집에서 쓰다가 버리려고 하는 물건까지 아들의 신혼 가구라 우리 집에 갖다 둔 것도 있다. 멀쩡한 것을 버리는 것 같아 '우리 집에 갖다 놓아라.' 하기도 했다. 물건을 사서 들여놓기는 하는데 버리는 것은 잘되지 않는 우리 부부다. 게다가 퇴직하면서 학교에서 갖고 있던 것 중에 소중한 추억이 담긴 것들도 못 버리고 갖고 있는 것이 있다. 언젠가 학교에서의 추억을 소환하여 글로 풀어 보고 싶은 마음이 있어서이기도 하다. 남편도 남편 나름으로 소중한 것이 많을 것이다.

우리가 이사 가야 할 집은 지금 살고 있는 집보다 평수가 작고 오래된 아파트다. 이사 가기 전에 수리는 필수이고 짐 정리를 하는 것은 더욱더 필수이다. 그런데 문제는 많이 버려야 하는 것은 당연하고, 여유 있게 수리하는데, 한 달이 걸린다고 하니 그동안 어딘가에 가 있어야 한다. 큰아들, 작은아들에게 각각 너희들 집에 한 달간 가 있겠다고 했더니 "뭐, 한 달 정도는요."라고 한다. 그래도 허락은 허락이다. 떠돌이 생활은 면했다. 갈 곳은 있다.

그런데, 공기 좋은 곳에서 전원생활을 한 번 해보는 것이 꿈이라던 남편이 인터넷 부동산을 검색하여 조그마한 농가주택 2층 전세를 얻고 말았다. 결국, 이사를 이틀간 하게 되었다. 하루는 양평으로 이사하고, 하루는 목동으로 이사 갈 짐을 맡기는 이사이다. 버릴 것에 대한 부담이 조금 줄기는 했지만 짐들을 구분해야 하는 것이 또 일이 되었다. 이참에 버려야 하는데 잘되지 않게 되었다.

옷 방을 정리하다 보니 모아 둔 편지들이 눈에 들어왔다. 아들들이 결혼 후 아들 부부가 함께 써 준 편지들을 꺼내 읽다 보니 거기에 푹 빠져 정리는 또 뒷전이 되었다. 편지들도 못 버리게 되었다.

마음을 단단히 먹고 다시 서랍을 정리하다 보니 여태 찾지 못하여 사용하지 못한 것들이 나온다. 그것들이 없었어도 잘 살았다. 여러 개가 나온 것도 있다. 그러나 또 나중에 써야지 하며 한곳으로 모아 두게 된다. 옷장의 옷을 정리해야지 하며 옷을 꺼내어 살펴보니 사서 한 번도 입지 않은 옷도 나온다. 오래되어 유행이 많이 지난 옷도 보인다. 큰마음 먹고 버려야지 하며 꺼내어 놓았다가 한 번 입어보니 유행이 바뀌면 입을 수 있을 것 같아 다시 챙겨 넣었다. 이런! 버릴 게 없게 되었네….

정년퇴직하기 전까지 학교에는 가지고 있던 책이 많았다. 읽은 책보다 읽지 못한 책이 더 많았을 것 같기도 하다. 가지고 와서 읽고 싶은 마음도 있으나 다 읽을 수는 없을 것 같아 선생님들께 읽고 싶은 책을 골라서 가져가도록 했다. 정말 좋아하였다. 서너 권씩 가져가는 선생님도 있었다. 선생님들이 좋아하니 나도 행복하였다. 지금 정리하며 보니 집에 있는 책도 가져가서 나누어 주었으면 참 좋았을 뻔했다. 나누어 주고 나면 행복한데 나는 왜? 미처 생각 못 했을까?

남편이 이야기했다. 미국은 주말에 자기 집 차고 앞에서 물건을 꺼내어 놓고 '가라지 세일(?)'을 한다고 한다. 아들 며느리 집은 아이들 장난감이나 놀이기구가 금세 바뀌어 있을 때가 많다. 가끔 애들 집에 가면 있던 물건이 금세 사라지고 또 새로운 것이 와 있다. 요즘 젊은 이들은 인터넷 중고 거래 사이트 ** 마켓으로 중고 거래나 나눔을 많이 하는 것 같다. 나도 사용하던 것을 쉽게 없앨 수 있으면 좋겠다.

살아계실 때 사랑을 많이 주셨던 시할머님 생각이 났다. 늘 깔끔하고 고우신 분이셨다. 아버님, 어머님이 먼저 돌아가시고 한동안 혼자 지내셨다. 시댁을 갈 때마다 느끼는 것인데 옷이나 살림살이를 아주 단출하게 정리하고 계셨다. 내가 가까이에서 본 사람 중 공수래공수거(空手來空手去)를 가장 잘 실천하신 분으로 기억된다. 작은 어머님이 계절이 바뀌면 항상 옷이 없어서 걱정이라고 할 만큼 정리를 해 놓으셨다. 나는 지금 가지고 있는 것이 너무 많다. 정리의 시작은 비우는 것에서부터라고 한다. 시할머님의 경지에 도달할 수 있으려면 무엇부터 실천해야 하지? 지금부터라도 찾아보자. (2021. 10. 22)

왕년의 교사

"엄마, 내일 애들 좀 봐주실 수 있어요?"

"왜?"

"이모님이 몸을 좀 다쳐서 당분간 쉬어야 해요."

큰아들이 SOS를 했다. 종종 있는 일이다. 어쩌다 한 번씩 연락을 주면 손녀를 돌보아 주어야 하니 달려간다. 이번엔 매주 수요일 당분간 와야 한단다. 사돈집까지 부탁하고 수요일은 내게 배당한 듯하다. 나도 정년퇴직까지 직장을 다녔으니 맞벌이는 당연하게 받아들이고 있고, 뒷바라지해 주고 싶다.

수요일은 선생님이 가정방문을 온다. 학습지와 놀이 교구로 활동하는 학습을 한다. 두 손녀 중 한 명이 공부하는 동안 다른 한 명은 내가 돌본다. 두 아이가 모두 오랜만에 본 나보다 선생님을 좋아해서 나와 같이 있으려 하지 않는다. 선생님은 한 명씩 데리고 수업해야 한다고 하며 곤란해한다. 서로 먼저 하겠다고 떼를 쓰니 어찌해야 할지 난감하다. 나도 왕년에 선생님이었는데 내 말이 먹히지 않는다. 나는 그냥 할머니일 뿐이다.

겨우 말이 좀 통하는 여섯 살 큰손녀 시은이를 달래어서, 네 살 둘째 손녀 기은이가 먼저 하도록 순서를 정한 후, 기은이는 공부방에 남아 있게 하고 시은이만 거실로 나와서 같이 놀게 되었다. 차와 간식을 준비해서 공부방에 들여보내려고 준비하고 있으니 시은이는 자기가 갖고 들어가겠다고 한다. 잠시라도 선생님을 만나고 싶어 하는 눈치다. 선생님을 잘 따르는 것 같아 반갑기는 하다.

큰손녀가 밖으로 나오자, 나도 왕년에 교사였는데 하는 마음으로 손녀의 공부를 살펴보아 주고 싶었다. 국어, 수학, 영어인데 유치원 아이들의 놀이 중심이 아니라 초등학교 1학년 이상의 학교 숙제처럼 보인다. 어린이집, 유치원에 다니는 아이들이 벌써 공부라는 굴레에 발 들여놓은 듯하다.

가까이서 보니 스티커 붙이기가 많고, 선 긋기와 그리기로 구성되어 있어 재미있어 보인다. 손녀에게 "할머니가 알려줄까?" 하며 다가가 펼쳐진 책을 보려고 했다. 그 순간 "선생님은 방에 있는데…." 하며 관여하지 말라는 듯 책을 자기 쪽으로 당겨간다. '오잉? 나도 왕년에 교사야, 교사. 아니, 교장 선생님이었다고….' 하는 무언가가 스멀스멀 올라왔다.

"할머니도 선생님이었어…."

"할머니 무슨 선생님 했어?"

의심스러운 눈초리를 주면서 손녀가 물었다. 눈**선생님인지, 가*선생님인지 하는 자기들 주변의 선생님들을 생각하며 묻는 것이다. 왕년에 선생님인 건 틀림없는데 어린 손녀를 데리고 "나 선생님이었다."라고 말해야 하는 상황이라니…. 입 밖으로 말해야 하나 하지 말아야 하나 생각하다가 불쑥 튀어나오고 말았다.

"교장 선생님!"

"교장 선생님이 뭐야?"

"다음에"

'예쁜 손녀의 좋은 할머니보다 더 좋은 감투가 어디 있겠는가, 이 무슨 주책인가?'

더 이상의 이야기는 수면 아래로 푹 집어넣고 놀아주는 방법을 바꾸었다. 몸을 움직이며 놀 수 있는 공놀이 하자며 꼬드기니 좋아한다.

체육 시간에 아이들과 수업했던 공놀이 시간이 떠오른다. 많은 아이를 데리고도 규칙에 맞추어 수업 진행을 했으니, 한 명의 손녀와 노는 것쯤은 식은 죽 먹기다. 큰손녀는 그래도 말이 통하니 함께 놀 수 있어서 다행이다. 공으로 던지는 방법을 다르게 하면서 던지고 받기만 해도 '까르르' 거리며 재미있어한다. 왕년에 교사, 이 정도는 할 수 있다.

기은이 공부가 마무리되자, 시은이는 순서가 되어 공부방으로 들어갔으나, 기은이는 밖으로 나올 생각을 하지 않는다. 떼를 쓰며 막무가

내로 선생님과 함께 있겠다고 한다. 왕년의 선생님으로서 품위를 지키며 설득에 나서 보았지만, 아무 소용이 없다. 억지로 끌고 나올 수도 없고, 온갖 것을 이야기해도 소용이 없다. 맛난 간식을 주겠다고 해도 갖고 들어가 버린다. 나중엔 할머니 가버리겠다고 협박(?)해서 겨우 밖으로 나오게 했다. 이런 방법은 옳지 않은 방법인데 체면이 서지 않는다. 시은이와 함께 했던 방법으로 공놀이를 해보니, 기은이는 공놀이가 잘 통하지 않는다. 한 명 데리고 놀아주는 것도 힘이 든다. 어린이집, 유치원 선생님이 여러 명 데리고 있는 것은 참 힘든 일일 듯하다.

시은이는 내 말에 맞추어 주려고 애쓰는 모습도 보였다. 그러나 기은이는 자기가 제시한 방법에 내가 맞추어서 해야 했다. 같은 장난감을 가지고 놀면서도 놀이의 방법을 바꾸어 가면서 자기가 제시한다. 자기가 말하는 대로 따르라는 것이다. 자기가 해보고 잘 안되는 방식이면 "이렇게 할까? 저렇게 할까?" 하면서 놀이 방법을 바꾸자고 한다. 어리지만 자기 주도적인 면이 보인다. 그러나 나는 또 어깃장을 살짝 놓았다. 이 세상은 너의 방식대로 다 돌아가지는 않으니 다른 사람의 방식에 맞추어 보는 연습도 필요하다는 교육적인(?) 생각이었다. 그렇지만 강제로 끌려고 하는 내 말이 먹히지 않았다. 어깃장 방식의 밀고 당기기도, 실패! 안 되겠다. 주도적인 손녀에게 맞추어 주는 게 좋겠다.

손녀에게 맞추어 주면서 평화로이 어울려 노는 방식으로 겨우 마음 좀 얻었다. 왕년의 교사 할미가 선생님 노릇 좀 해보려다 손녀 마음 잃을 뻔했다.

오작동도 작동이다

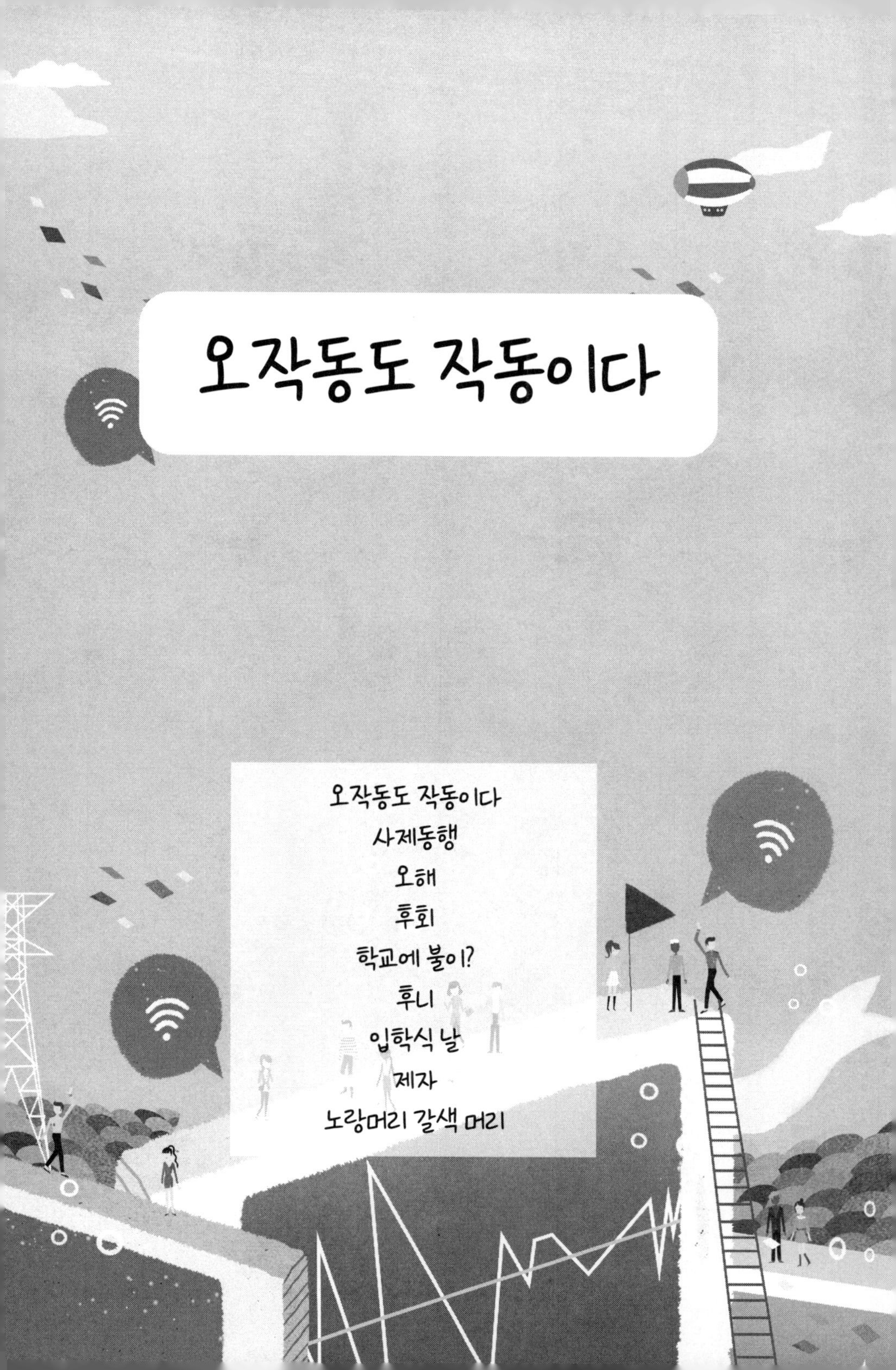

오작동도 작동이다

"애애애~~ 앵~~~!!"

"화재가 발생했습니다. 화재가 발생했습니다. 입주민 여러분께서는 비상구를 통해서 대피하시기를 바랍니다."

화재경보 사이렌이 크게 울리면서 화재가 발생했다는 AI 방송 멘트가 반복해서 나왔다. 저녁 7시가 좀 넘는 시간에 남편과 손녀와 함께 저녁 식사를 하고 있을 때였다. 겁이 많은 다섯 살 손녀는 화들짝 놀라 반사적으로 튀어 오르듯이 나에게로 매달렸다. 허겁지겁 손녀를 안고 현관문을 열어보니 화재경보기는 번쩍거리고 있고, 사이렌 소리는 가까이서 더 크게 들린다. 긴박한 상황이 되자 화재가 난 집에서 무서운 일들이 벌어진 뉴스들이 떠오르며 너무 긴장되고 무서웠다. 연기나 불타는 냄새는 없었지만 계속 반복해서 사이렌 소리와 화재 발생 방송

멘트가 나오니 마음이 다급해졌다. 이럴 땐 옥상으로 대피하라고 아이들에게 교육하기도 하고 교육받기도 했지만 위로 올라가면 옥상 문이 열려 있을지 알 수 없다. 문 앞에 사람들이 몰려서 참사당한 화재 현장 이야기까지 떠올랐다. 남편은 손녀를 받아 안더니 내려가는 게 낫겠다고 한다. 우리가 계단을 내려가는 동안 사람들은 13층 사람 두 사람만 나와서 보더니 "뭐지? 뭐지?"하고는 다시 집 안으로 들어가 버린다. 또 오작동이라는 듯한 표정이다.

그러고는 조용하다. 지난번에도 대낮에 혼자 있을 때 사이렌 소리가 크게 울린 적이 있다. 혼자 우왕좌왕하다가 복도로 나갔더니, 잠시 후에 경비 아저씨가 와서 오작동이라고 했었다. 그때 생각이 나서 관리실로 전화했으나 받지도 않았다.

'관리실에서도 긴급 상황으로 정신없이 바쁜 건가? 어디서 진짜 화재가 난 건가? 15층 아파트의 14층인데 어디로 어떻게 대피해야 하지? 옥상으로 가야 하나? 옥상으로 나가는 문은 열려 있을까? 엘리베이터는 타지 말아야 한다고 했지. 계단으로 걸어서 아래로 내려가야 하나?'

손녀는 놀라고 실제상황처럼 느껴지니, 허둥대는 내 모습이 보인다. 그러는 동안 퇴근해 온 작은아들이 엘리베이터를 타고 올라왔다. 놀란 손녀는 얼른 제 아빠 품으로 가서 푹 파묻힌다.

계속 전화를 하자 한참 만에야 전화를 받은 관리실에서는 아마 오작동인 것 같다고 한다. "오작동인 것 같다고요?" 너무 화가 나서 오작동이면 방송을 다시 해 주어야 하는 것이 아니냐고 항의했다. 그리고 집에 들어가 잠시 있으니 오작동이니 안심하라는 방송을 해 준다. 화재가 아니어서 정말 다행이다. 그러면서도 화가 난다. 벌써 두 번째다. 나중엔 사람들이 실제상황일 때도 오작동이라고 생각하게 되면 어쩌려고 하나 싶은 마음에 부아가 치밀어 왔다.

세월호 사고가 있던 해 나는 안산시의 한 초등학교에서 근무하고 있었다. 교직원을 비롯한 학부모, 아이들 그 어떤 사람도 그날의 충격에서 한동안 벗어나지 못했다. 식당에서 웃으며 밥을 먹을 수도 없었고, 적막한 도시는 아이들을 안전하게 지켜주지 못했음을 몸으로 마음으로 미안해하고 있었다. 그 일이 있고 난 뒤 우리는 교직원 모두가 한마음으로 안전에 관해 수시로 점검하고 지나치리만큼 강조하자고 다짐했다. 연간교육계획에 의해 추진하는 것이지만 대피 훈련계획도 더 철저히 세웠고 횟수도 늘어났다. 자체 점검도 더 까다로워졌다.

일상의 평화로움이 얼마나 소중한 것인지, 안전에 관한 한 얼마나 철저히 해야 하는지 체득하면서 안전 교육에 대해 지나치리만큼 강조하고 강조했다.

그러던 어느 날, 학교에서 갑자기 화재경보가 울렸다.

나는 깜짝 놀라 밖으로 뛰어나갔다. 아무도 나와 보지 않았다. 혼자 여기저기 다녀보다 시설 담당자에게 갔다. 태연한 표정으로 오작동일 것이라고 말한다. 반복된 오작동 사이렌으로 '이번에도 오작동일 것이다.' 하며 무감각해 왔던 것 같다. 사실 그들 생각대로 오작동이었다.

그러나 '이게 실제상황이었으면….' 하는 생각이 들자 끔찍했다. 긴급 안전 관련 해당자 회의를 소집했다. 회의를 소집하게 되자, 화재경보기가 울리면 무조건 오작동일 것이라는 생각은 하지 말자는 의견으로 마음들이 모였고. 혹시, '오작동 아닐까'라는 생각이 들지라도 그때를 오히려 안전 훈련 한 번 더 하는 기회로 여기고 무조건 학생들 대피부터 시키자고 했다.

그 후 한 학기 동안 두 번 오작동에 의한 전교생 화재 발생 대피가 이루어졌다. 화재 발생 사이렌이 울리면 무조건 교사들은 아이들을 인솔해서 전교생이 운동장으로 나가야 했다. 오작동이겠거니 하는 생각이 들어도 실제상황이라는 인식을 해야 한다. 화재가 진압되었다거나 오작동이라는 방송을 듣고서야 교실로 들어올 수 있도록 했다.

두 번째로 계획에 없던 화재경보가 울리던 날, 아니 오작동에 의한 화재경보가 울리고 학생들이 대피하는 상황이 있었던 때였다. 성가시긴 했으나 대피하지 않을 수 없었다. 모두 대피하였고, 상황은 일찍 종료되었다.

그런데 그다음 날 교장실로 한 학부모가 항의 전화를 했다. 학부모의 말에 일리가 있었다. 어제, 화재경보가 울려서 다른 반은 모두 운동장으로 대피하는데 자기 자녀의 반은 교실에 그대로 있었다고 들었다며 아이가 한 말을 전해 주었다.

"엄마, 우리 반만 세월호 배 안에 그대로 있는 것 같았어요. 세월호에서 그 자리에 앉아 있으라고 방송했다는 말이 생각났어요. 너무 무서웠어요."

자기 아이 반만 그런 게 아니라 또 다른 반도 있으니 알아봐 달라는 것이다.

"죄송합니다. 제가 잘 알아보겠습니다. 놀란 아이를 잘 다독여 주세요."

그 말밖에 할 수가 없었다. 깜짝 놀랐다. 아이들은 교실에서 그냥 기다리자는 말에 세월호의 배 안에서 대기하라는 말을 따르며 그대로 자리를 지켰던 아이들을 떠올리고 있었다.

오작동이겠거니? 사람의 삶에 있어서 오작동은 없다. 오작동도 작동이다.

사제동행

그는 내가 본 교사 중 최고의 담임선생님이다. 그를 처음 만난 건 **로 발령받은 첫 학교에서다. 나는 5학년 담임이고 그는 6학년 담임이다. 교실이 가까워서 그가 아이들과 함께하는 활동들을 가까이서 볼 수 있었다. 방과 후 그 반 교실은 더 활기찬 공간이 된다. 아이들과 영상 작품을 만들어 교실 전체가 무대인 것처럼 공연하면서 즐기는 시간을 만들고 있다.

아이들의 수업을 재미있게 만들어 주기 위해 얼마나 많은 시간을 투자하고 애쓰고 있는지 보인다. 그는 집에 가서도 잠자는 시간 외의 많은 시간을 오직 학급 아이들을 위한 헌신의 시간으로 보내는 듯하다. 반면에 나는 그와는 다른 부류의 교사였다. 비교하자면 현실적인 교사다. 학교에 출근해서는 학교 일에, 학급 일에 최선을 다했지만, 집으로 출근하면 집안일과 가정일로 눈코 뜰 새가 없었다. 급한 일이 아니라면, 집에 가서까지 학교 일을 할 마음의 여유는 없었다. 내가 그와 같은 학년 교사였다면 비교 대상이 되어 불편한 마음을 가졌을 수도 있겠다는 생각 든다. 반면에 학부모라면 그가 자녀의 담임이 되기를 소망했을 것이다. 나는 그와 처음 만나 5년 동안 함께 근무하면서 같은 학년이 되어 보지는 못했다. 그러나 늘 그에 대해 존경스러운 참 교사의 표본으로 여기고 있었다.

그렇게 존경스러운 그를 다시 만나게 된 건, 내가 그 지역의 어느 학교 교장으로 발령받아 간 날이다. 우리 학교로 발령받은 교사 중 한 명으로 그분도 발령받아 와서이다.

거의 20여 년만이다. 그도 나도 이젠 이 학교에서 정년퇴직하게 된 것이다. 젊은 시절 아이들을 위해 헌신하던 열정의 교사가 머리숱도 많이 없어지고 희끗희끗해진 모습으로 내 앞에 있다. 마지막 교육활동을 하기 위해 찾아온 학교에서 다시 만나게 된 것이다. 아무리 가꾸고 출근한다곤 하지만, 나의 모습도 세월의 흔적은 비켜나지 못했을 터이니 예전의 내 모습과는 많이 달라져 보였을 것이다.

정말 반가웠다. 오랜만에 그 지역으로 발령 받아와서 보니 낯익은 얼굴이 거의 없었는데, 함께 근무했던 존경스러운 교사를 다시 만났으니, 그보다 더 반가울 수가 없었다. 믿음 가는 그분과 함께하게 되어 천군만마를 얻은 듯했다.

어느 주말, 특별 교육활동이 있어 아이들을 살펴보러 잠시 출근하던 중 주차장에서 그를 만났다. 벌써 학교에는 선생님에 대한 평판이 알려져서 학생 학부모의 인기가 높고 그 반 아이들은 로또에 당첨된 듯

기뻐한다는 그분이다. 매 학기 만들어지고 있는 그 학급의 학급문집은 또 얼마나 많은 감동을 주고 있는지 모른다. 사랑과 정성이 그대로 보이는 문집이다. 아이들은 그 문집을 보면서 두고두고 잊지 못하는 선생님으로 기억하게 될 것이다.

"안녕하세요? 선생님, 휴일인데 어떻게 학교에 나오셨네요?"

"아이들 몇 명과 약속 있어서 나왔어요. 교육활동 잘한 아이들 데리고 선물로 ***데리고 가기로 했어요."

잠시 후, 아이들 서너 명이 나타나더니 너무도 즐겁게 선생님의 차를 타고 나갔다.

나도 교사 시절, 한 학기에 한두 명씩 교육활동 잘한 아이를 뽑아서, 우리 집에 데리고 가 두 아들과 만나 이야기 나누며 하룻밤 자고 오게 하기도 했다.

***으로 몇 명씩 데리고 가 맛난 것 사 주면서 대화도 하고 즐겁게 다녀왔던 때도 있었다. 그렇게 하고 나면, 아이들은 다음에는 자기 순서가 되기를 바라며 더 열심히 교육활동에 참여했다. 아이들과 소통이 많아지고 미처 알지 못했던 아이들의 모습도 볼 수 있어 생활지도에도 도움이 되었고, 교실 분위기가 좋아지기도 했다. 말하자면 '사제동행' 프로그램 운영이다. 존경스러운 그분은 아이들과 소통하는 프로그램을 그때까지도 꾸준히 운영하고 있었다.

관리자가 된 나의 머릿속은 복잡해져 있었다. 교장·교감 결재받는 절차가 까다롭지는 않지만 좀 귀찮은 일이기도 하다. '잠시 아이들 데리고 방과 후에 스승과 제자가 만나고 오는 일인데 뭐 어때? 별일 없겠지. 뭐.' 나도 그렇게 많이 해 왔다.

교사 시절 아이들과 함께 재미있게 지냈던 그 많은 활동은 무사히 지나긴 했지만 되돌려 생각해 보니 겁 없이 행한 활동이 있었다. 교사도 안전하고 아이들도 안전할 수 있는 계획을 세워 추진할 수 있도록 해야 했다. 교육과정 운영 시간 외에 외부 활동을 하게 될 때는 학부모 동의가 있는 경우, '사제동행' 프로그램으로 사전 계획서만 간단히 수립하면 교사 출장도 달고, 학급 운영비도 쓸 수 있도록 했다. 이렇게 하고 나면 유사시에 학교안전공제회의 도움도 받을 수도 있는 것이다. 이런 활동 중 관리자와 사전 협의 없이 계획도 수립하지 않고 이루어졌던 일들이 있었다. 돌아보건대 무사히 지날 수 있었던 건 행운이었다.

그리고 며칠 후, 나는 즐겁고 행복한 시간, 감동의 시간을 만들어 가는 아이들과 그분께 찬물 끼얹는 관리자가 되고 말았다. 사제동행이라는 프로그램을 만들어 결재를 득한 후 외부활동을 하도록 했으니…. 결국 나는 감동 수업에 분위기 따운 시키는 관리자가 되고 만 것이다.

요즘 아이들이 얼마나 귀한가! 아이들과 함께하는 모든 시간과 활동들은 교사가 얼마든지 재량껏 할 수 있지만 철저히 계획된 활동이었어야 했다. 단순히 나와 아이들과의 약속만으로 아이들을 데리고 교육과정 운영 시간 이외에 외부 활동을 한 것은 무리한 일이었다. 관리자가 되고 나서야 그것을 생각해 볼 수 있게 되었다.

오해

교정을 들어서니 아이들의 시끌시끌한 소리가 정겹고, 신나게 뛰어다니는 표정도 밝다. 줄지어 세워 둔 재배 상자에는 학년별 표시가 된 상추, 가지, 고추, 방울토마토 등이 물을 머금은 채 야들야들 여린 색으로 매달려 있다. 작은 화단엔 꽃잔디, 팬지, 봉숭아, 여름꽃들이 '나 여기 있소' 싱그러움을 뽐낸다. 후문 쪽 작은 연못에는 예쁜 쿠피가 활기차게 몰려다닌다. 아파트 단지에 파묻힌 학교지만, 학교 건물이 예쁘고 정원이 잘 가꾸어져 가끔 촬영장으로 사용하고 싶다는 연락이 오기도 한다. 나는 이 아름다운 학교에서 근무하고 있는 그 시간이 참 좋다.

어제 출장 다녀온 후, 편안한 마음으로 교장실로 들어서고 있다. 그런데 뒤따라 들어오는 교감의 표정이 평소와 다르게 굳어있다. '나 없는 동안 무슨 일이 있었던 건가?' 불안한 마음이 들지만 떨쳐버리듯 "어제 수고 많았지요?" 인사한다. 40학급이 넘는 초등학교라 언제나 긴장감을 가지고 있다. 학년별로 운영되는 프로그램들이 쉴 틈 없이 이루어지고, 방과 후 프로그램, 돌봄 운영까지 하게 되니, 운동장도, 학교 곳곳에서도 쉬는 공간 없이 늦은 시간까지 빼곡하다. 어제는 교감이 혼자 힘들었을 것이다.

“어제 학교에서 일이 좀 있었습니다.”

“무슨 일이 있었나요?”

“학부모가 찾아올 거예요. 동영상을 한 번 보아주세요. 문제가 좀 있었습니다. 어제 4학년 *반 학부모 민원이 있어서, CCTV를 보여 줄 수밖에 없었어요.”

교육청에서 장학사로 근무하며 온갖 일들을 경험하다 학교로 온 교감이 이렇게 말할 때는 문제가 심각하다는 것을 의미하기도 한다. 큰 문제 아니기를 기도하는 마음으로 걱정되는 심정을 억누르며 교감이 USB에 담아 온 동영상을 살펴 보았다. 엘리베이터에 타자마자 아이는 다시 나가려 하고 교사가 아이를 끌어안는 모습인데 팔로 목과 얼굴을 감싸 안고 있다. 오해하기 쉬운 상황으로 보인다. 반복해서 자세히 살펴보며

‘이 영상 부분만 딱 떼서 보게 된다면, 오해할 수도 있겠다.’

는 생각이 들었다. 머리가 복잡해진다. 선생님이 아이들에게 쏟았던 모습이 떠올랐다. 그 학급 아이들에 대해서도 잘 알고 있기에, 내용을 잘 모르면 잘못 판단할 수도 있겠다는 생각이 들었다. 아이가 집에 와서 엄마와 학교 이야기를 하다

"엘리베이터에서 힘든 일 있었어요."

힘든 일이 엘리베이터에서 있었다고 하는 그 말 한마디로 걱정이 되었을 것이다. 그곳은 언제나 CCTV로 확인도 가능한 곳이다. 학부모는 확인해 보고 싶었을 것이다. 당장 학교로 달려와 보았고, 아이의 말을 믿고 흥분한 마음으로 들여다본 동영상이니 그대로 아이와 선생님이 실랑이를 벌이는 모습만 보였을 것이다. 선생님이 아이를 너무 세게 잡아당겨 힘들었다는 것이다. 그 영상을 본 후 집으로 돌아간 학부모는 보이는 상황만으로 온갖 생각들을 하게 되지 않았을까? 여러 가지 걱정도 되었을 것이다. 아이가 힘들었을 상황을 떠올리니 잠인들 제대로 잤을 것인가! 아이 한 명 한 명 너무 소중하고 귀한 때이다. 아이의 힘든 상황만 떠올리니 선생님의 고충은 간과하기 쉽다. 어른이니까.

요즘은 아이 문제로 힘든 상황이 되는 교사들이 많다. 선생님이 아이에게 엘리베이터뿐 아니라 학교 곳곳에 CCTV가 있다는 것을 모르는 교사가 어디 있겠는가!

그렇게 보인다. 아이만 보면 아이가 힘들어 보인다. 선생님을 중심으로 보면 선생님의 힘든 모습도 고스란히 느껴진다. 다소 흐리게 보이지만 천천히 다시 들여다보았다. 앞뒤 상황의 모습까지 자세히 살펴보아야 했다. 영상에서 아이는 버둥거리며 떼를 쓰는 모습으로 보이고, 아이를 진정시키느라 애쓰는 교사의 애잔한 모습이 보이다.

그동안 그 교사가 아이들에게 어떻게 해 주고 있었는지가 먼저 떠올랐고, 그건 오해라는 생각이 들었다.

학부모가 오기 전, 먼저 담임을 만나 자초지종을 들어봐야 했다. 담임은 거의 울듯 한 표정으로 내려왔다. 여윈 얼굴이 더 여위어 보이며, 어젯밤을 뜬 눈으로 새운 듯 애처로워 보였다.

"정말 죄송합니다. 전담선생님의 요청으로 아이를 교실로 데리고 가던 중이었는데, 아이가 흥분한 상태라 보호하려고 끌어안았습니다."

보호하려고 끌어안은 것은 분명히 맞다. 아이는 버둥거리느라 힘들었을 것이다. 엘리베이터에서 선생님도 아이도 힘들었을 것이다. 그러나 아이가 힘들었다는 말에만 초점이 가 있는 것이다.

그녀는 올해 초 이 학교로 발령받아 왔고, 나와 함께 한 기간은 짧지만 신뢰가 되는 몇 가지 일을 보여 주었던 교사다. 먼 거리에서 출퇴근하고 있으나, 항상 이른 시간에 출근해서 일찍 오는 아이들과 함께하고 있고, 아이들을 대하는 모습이 부드럽고 친절해 보인다. 수업 준비도 미리미리 해 두고 부지런히 무언가를 하는 모습이다. 아이들과 담임의 관계도 늘 좋다. 안정된 교실이다.

학년별로 순회 회의를 하게 되었을 때, 그 반에 힘든 아이가 있어서, 애로 사항이 있다는 것을 알게 되었다. 동료 교사들은 그녀가 올해 그 반을 맡은 후, 체중이 7kg이나 빠졌다고 말한다. 나는 그 학급에 대해 수시로 관심 가지게 되었고, 보결 수업을 해야 할 때 한 시간 들어가서 아이들과 수업하며 진땀을 빼기도 했다. 그런데도 그 담임은 늘 웃으며 아이들과 친밀해 보였다.

최근에 그녀는 체육수업 중 직접 시범을 보이다 운동 기구에 다리를 다쳐 반깁스 상태로 계속 출근했고, 병가도 내지 않았다. 힘든 아이가 있는 학급이라 담임이 출근하지 않으면 그 아이가 더 힘들까 봐, 웬만하면 출근해야 한다는 것이다. 담임으로서의 책임감과 아이들을 위하는 마음이 커 보여 내심 고마워하고 있었다.

담임이 교실로 올라가고 얼마 안 있어 학부모가 이모라고 부르는 한 사람을 대동하고 굳은 표정으로 들어왔다. 두 사람이 함께 화를 내면서 따지듯이 큰 소리로 말한다. 가시 돋친 심각한 항의로 감정이 들어있는 말이다.

"교장선생님, 동영상 보셨나요?"

이모에게는 학생 상담에 참여할 수 없음을 알려 주고, 행정실에서 기다리게 했다. 아이의 개인적인 이야기까지 하게 될 수도 있으니, 상담은 학부모와 하는 것이 원칙이다. 차를 준비하면서 격앙된 마음이 풀어질 때까지 하고 싶은 이야기를 모두 쏟을 수 있도록 마음을 헤아리며 듣겠다는 각오를 했다. 그래야 대화가 될 듯하다.

"저도 여러 번 반복해서 동영상을 보았습니다. 아이가 힘들었을 것이라는 생각도 들었습니다. 오해하게 되었을 것으로 보입니다. 실랑이 하고 있는 아이를 보면 또 얼마나 속상하셨어요."

"오해요?, 편들지 말아 주세요."

험악한 분위기가 되었다.

“올해 온 선생님인데 다른 학교에서는 어땠는지 알 수 없는 것 아니에요? 교장선생님은 그 선생님을 어떻게 믿을 수 있는 건가요? 그전 학교에 알아보기는 했나요?”

가시 돋친 말을 쏟아내기도 하고, 같은 이야기를 반복하기도 한다. 교장으로서 담임에 대한 믿음으로 말하게 되었지만, ‘오해’라는 말에 더 격앙되는 듯했다.

“네, 제가 여러 가지로 겪어 보고, 신뢰하게 된 선생님이어요.”

두 시간 이상 이야기하게 되니 점차 진이 빠지는 듯하다. 그러나 내가 갖고 있는 담임에 대한 신뢰에 대해 학부모가 이해할 수 있어야 했다.

그 무렵 학부모 사이에서 오해에 의한 갈등을 못 이겨 힘든 일이 일어났다고 한 어느 교사의 뉴스가 떠오르며 우리 선생님을 더 믿고 싶어진다. 학부모에게 담임에 대한 이야기를 좀 더 자세히 해 보게 되었다.

올해 그 반을 맡으면서 담임 체중이 너무 빠져 같은 학년 선생님들이 걱정해 주더라는 이야기와 최근엔 체육 시간 시범 보이다 다리를 다쳤지만, 아이들을 위해 목발을 짚고 붕대 투혼하고 있다는 이야기도 하게 되었다. 선생님의 헌신 이야기를 하자 학부모도 선생님의 그런 모습에 대해서는 잘 알고 있고, 감사해하고 있었다고 하더니 좀 누그러지는 모습이 보인다. 학부모의 그 모습을 보자, 내가 진이 빠진 몸에 힘을 내며 말하게 되었다. 학급에 보결 수업을 들어갔을 때의 힘들었던 상황도 이야기하게 되었고, 그러나 그 선생님은 항상 자기 반 아이들에게 부드럽게 잘 대하며 학급을 이끌어 가는 모습을 많이 보았다는 이야기도 하게 되었다. 아이도 선생님을 좋아하고 있을 것이라는 믿음이 있어 아이가 선생님께 어떤 마음인지에 관한 질문도 해보게 되었다.

"아이는 선생님을 어떻게 생각하고 있나요?"

"저도 이 일이 있기 전까지도 선생님을 좋아했고, 아이는 지금도 선생님을 좋아해요. 선생님이 자기를 좋아해 준다고 믿고 있어요."

그러더니 아이 엄마의 눈가가 촉촉이 젖는다. 말없이 손을 잡아주며 크리넥스를 뽑아 주었다. 선생님도 엄마도 어젯밤은 너무 힘든 시간을 보내었을 것이다. 한동안 말없이 앉아 있다.

"우리 아이가 선생님을 너무 좋아해요."

그리고 선생님을 만나고 가겠다 한다. 창 너머에서 들여다보고 있는 향나무는 더 빛나는 푸르름으로 미소 짓는다. 재배 상자의 상추, 가지, 고추, 방울토마토는 더 싱그러워진다.

이 일이 있기 전 교직원 간담회에서 스스럼없는 대화를 나눌 기회가 있었을 때, 어느 교사가 한 뼈 있는 질문이 떠올랐다.

"교장선생님은 학부모와 교사가 갈등 상황이 되었을 때 누구 편이 될 거예요?"

후회

학교에서 교사를 흉기로 찌른 20대, 초임 교사가 학교에서 목숨을…. 연이은 교사 관련 뉴스로 혼란스럽다. 나의 교사 시절을 돌아보면 그때도 크고 작은 일들은 있었다. 그러나 교사의 길을 '스승의 길'로 인식하고 있어 긍지를 갖고 해낼 수 있었다. 요즘 어떤가. 스승의 길을 가고자 했던 사회초년생 교사가 긍지를 갖기 전에 만신창이가 되지는 않았는지, 안타까움을 더하는 일이 있다. 교사는 스승으로 존중받을 때 힘을 발휘한다. 지금도 묵묵히 자리 지키는 그들에게 감사하며, 부끄러운 내 모습과 잊을 수 없었던 스승다운 스승의 강의를 떠올려 본다.

나의 제자를 떠올리면, 잘해 주었던 일들이 먼저 떠오른다. 나에게 혼났던 아이도 있다. 그 아이들에게 모든 게 너희들을 위한 것이었다고 말해 왔고, 학급 규칙을 만들어 합당하게 혼을 냈기 때문에 바르게 했다고 생각했다. 일일이 기억에 남아 있지 않은 그 일들이 오늘날에 있었다면, 곤경에 처하게 되었을지도 모를 일이다.

나의 교사 초년 시절 유독 눈에 띄는 아이가 있었다. 까무잡잡한 얼굴에 옷은 늘 같은 옷을 입었고, 눈만 땡 그런 아이다. 그 녀석은 부모 역할 놀이 수업 중 “어~ 취한다.” 하면서 아빠의 취한 모습을 흉내 내어 아이들의 웃음거리가 되기도 했다. 다음 해 여동생도 담임하게 되었다. 어려운 형편을 알게 돼 학용품이나 문제집을 챙겨주었다. 두 아이는 담임을 마친 후에도 자주 찾아왔고, 편지도 주고받았다. 끝까지 그 애들에게 잘해 주지는 못했다. 전근 다니면서 바쁘다는 핑계로 답을 해 주지 못했고, 연락은 끊어졌다. 나는 그 아이들에게 친절한 선생님인 듯했으나, 그렇지 못했다. 섭섭한 선생님이 되어 있을 것이다. 반면에 끝까지 사명을 다한 스승의 강연을 기억한다. 떨리는 목소리로 시작한 그의 말에는 진정성이 보였고, 나는 두 손 마주 잡고 기도하는 마음으로 들었다.

“편지를 보며 후회 많이 했습니다.”

신혼의 고등학교 남교사인 그가 근무하고 있는 학교는 어려움이 많은 학생이 다수다. 교실 밖을 배회하며 학교에 오지 않는 아이들도 많다. 말썽을 일으킨 아이 보호자 대신 그가 파출소에 불려 간 일도 부지기수다.

‘이 아이들을 어떻게 하면 잘 돌볼 수 있을까?’

점심시간이 되자 그는 털래털래 학교 앞 보금자리로 아내와 식사하기 위해 교문을 나선다. 그런데 한쪽 귀퉁이에 학급 아이 한 명이 보인다. 점심을 못 먹고 돌아다니던 녀석이 틀림없다. 눈이 마주치자, 도망갈 듯하더니 멈칫거린다.

"호야, 점심은 먹었니?"

"아뇨…."

"라면이라도 먹을래?"

말없이 따라온다. 한 명이 아니라 둘이다. 허겁지겁 먹는 모습을 보니 잘 데리고 왔다는 생각이 든다. 그 녀석은 다음날도 점심시간에 교문 앞에서 멈칫거린다. 점점 아이들 수가 늘어난다. 차츰 교실로 들어왔다. 라면 한 그릇으로 마음 붙일 곳 없는 애들과 대화하게 되었고, 저녁 시간까지 같이 있게 된다. 좁은 아파트에 덩치가 어른 같은 남자 아이들이 함께 있으니, 신혼의 아내 눈치가 보인다. 어른들 보호가 필요한 어려운 아이들을 보살피다 보니, 그 애들이 식구처럼 되어버린다.

할 일 없이 돌아다니며 싸움이나 하고 못된 짓만 하는 시간을 줄여주기 위해 저녁 시간엔 공부할 거리를 갖다준다. 공부라고는 하지 않던 아이들이었고, 학교 자체가 워낙 그런 아이들이 모여 있는지라 조금만 공부하면 성적이 쑥쑥 오른다. 공부에 맛 들이는 모양이다. 작은 집에 아이들과 함께 있으니 너무 좁아 이사하기로 한다. 외곽에 좀 넓은 집을 찾아 이사하려고 하니 애로가 생긴다. 선생님 집이지만, 문제 많은 아이가 몰려다니니 집을 주지 않으려는 것이다. 겨우 마을 외곽에 허름한 집을 구하게 되었고, 모두 달려들어 집수리 후, 같이 지낼 수 있게 되었다. 차츰 대학에 가는 아이도 생겨났다. 대학 입학한 후에 대학생으로, 졸업한 후엔 직장인이 된 선배로 그를 도와주기 위해 다시 찾아오는 제자도 있다. 아이들에게 한 일들이 너무 뿌듯하다. 특별히 외로움이 크게 보였던 단 한 명의 아이만 아무리 애를 써 봐도

겉돌더니, 어느 날 결국 나가버렸다. 몇 번 찾아서 데리고 왔었는데 그도 힘들었던지 찾기를 멈추었다. 아니, 포기했다.

몇 년이 지난 어느 날, 그는 낯선 편지 한 통을 받았다. 자기를 위해 소견서를 써 달라는 건데, 교도소에서 온 거다. 끝내 그와 함께하기를 거부했던 녀석이다.

"아무리 주변을 살펴보아도 그걸 써 줄 사람이 저밖에 없었나 봅니다. 밤새도록 후회하며, 눈물로 얼룩진 편지를 썼습니다. 왜, 그때 좀 더 애쓰며 찾지 않았을까? 포기하지 말았어야 했습니다."

방송을 타며 알려진, 그와 아이들의 이야기를 본인이 영상으로 보여주며 강의하니 존경의 마음이 크게 다가왔다. 참 스승이다. 그는 부연해서 이야기하고 있었다.

"제가 그 애를 끝까지 포기하지 않고 잘 보살폈다면 그 녀석이 사회에 끼친 일은 일어나지 않았을 것이고, 피해자도 생기지 않았을지 모릅니다. 오히려 건실하게 자라서 사회에 이바지했을 텐데요…. 그 차이가 너무도 큽니다."

〈2023년 격월간 에세이스트 연간집
『치자꽃 향기의 여운』 수록, 일부 수정〉

「단 한 명의 아이도 포기하지 않는 경기 교육」
《단 한 명》이 얼마나 중요한 지 깨닫게 해 주는 연수였다.

학교에 불이?

“교장 선생님, 학교에 불이 났습니다. 119 신고했습니다.”

행정실장이 교장실 문을 다급히 열고 들어와 이야기했다. 깜짝 놀랐고, 마음이 조급해졌다. 긴박한 상황이나 행정실장은 당황한 기색 없이 말하고 있었지만, 머리카락은 헝클어져 있었다. 이미 신고까지 한 후에 알려 준 것이다.

“아이들 대피해야 합니다. 빨리 방송하고 서둘러 주세요.”

2층 교무실 쪽도 벌써 알고 있었다. 급히 복도로 나왔다. 아이들도 대피하고 있었다. 대부분 하교한 오후 시간이라 교실에 많지는 않았지만, 방과 후 활동과 돌봄 교실 아이들 그리고 교직원들이 학교 곳곳에 있었다. 교사와 아이들이 긴장한 모습으로 내려오고 있었다.

“오작동도 작동이다.”

라며 화재 사이렌 소리 오작동이 날 때도 화재 예방 훈련이라고 생각하고 반복 훈련하던 우리 아이들이어서 그런지 선생님과 아이들은 침착하게 대피하고 있었다. 화재 현장 쪽으로 다시 확인하러 올라가려고 하니 못 올라가게 한다. 구급차와 소방차가 도착하고 소방대원들도 벌써 와서 학교 건물 근처는 모두 접근 금지가 되었다. 시설팀장만 정확한 위치를 알기 위해 동행해 달라고 하며 현관으로 들어간다. 모든 전기는 차단했다고 한다. 다행히 건물까지 아직 불이 붙은 건 아니란다. 모두 건물 밖으로 나와 학교 건물 쪽을 바라보며 더 이상 확대되지 않기를 바라는 마음이다.

아이들이 모두 다 내려왔는지 확인이 필요했다. 소방서에서도 자꾸 반복해서 대피 인원을 파악해 달라고 한다. 혹여라도 대피하지 못한 사람이 있을까 봐 방과 후 강사별로, 돌봄 교실 담당별로, 남은 선생님마다 또다시 확인했다. 구급차까지 학교 건물 입구에 대기해 놓고 기다리고 있었다. 혹시, 이송 환자 있는지 반복 확인한다. 학교 안에는 소방차와 구급차, 그리고 큰 소방차까지 세 대가 들어와 있다. 학교 주변에도 즐비하게 십여 대나 되는 소방차들이 진을 치고 있다고 한다. 아이들이 있는 학교는 1급 소방 안전관리 대상으로 불이 났다고 하면 일반지역과는 다르게 긴급구조를 위해 소방차가 총출동하게 된다는 것이다.

나도 가장 중요한 게 아이들과 사람들이니 거듭 확인하게 되었다. 감사한 일이다. 교무부장도 긴장이 되는지 잦아든 목소리로 "애들 모두 다 내려왔어요."라고 하며 걱정 안 해도 된다고 안심시킨다. 운동장에 나와 있는 아이와 교직원 수는 많지 않았다. 정말 잘 대피해 준 아이들과 선생님께 감사한 마음이다. 가장 많이 놀랐을 시설팀장과 행정실장은 안정이 되자 '태양광 집광판에 불꽃이 튀었다'라고 한다.

때마침 4층을 지나가던 시설팀장과 행정실장이 "타닥! 타닥!" 불꽃 튀는 소리를 듣고 소리 나는 곳을 보니 태양광 집광판이 있는 기계실에서 연기가 조금씩 새어 나오면서 약간 메케한 냄새도 나더라는 것이다. 두 사람이 119 신고를 먼저 하고, 시설팀장과 가까이 있던 주변의 교사들은 소방서 지시에 따르고 있었고, 행정실장이 교무실로 가서 아이들 대피 방송도 부탁하고, 교장실로 뛰어온 것이다. 운동장에서 진화 작업이 모두 끝날 때까지 아이들과 교직원들을 확인하고 놀랐을 마음들을 진정하고 있으니 어느새 교육청에서도 소식을 듣고 상황 파악을 위해 나왔다.

소방서에서 진화 작업을 하러 올라가고 난 뒤에도 한동안 소화 작업을 하느라 시간이 꽤 걸렸다. 조금만 더 늦게 발견하거나 두 분이 그냥 지나쳐 보았다면 학교 전체에 전선을 따라 불이 옮겨붙었을 수도 있다. 걷잡을 수 없이 큰 화재 사건이 될 뻔했다는 것이다. 생각만 해도 아찔하고 간이 철렁한다. 천만다행이다. 정말 감사하다. 어찌 말로 표현할 수 있을까? 큰 화재 상황으로 번지지 않게 신속하게 119 신고하고 화재 진압에 최선을 다해 준 우리 행정실장과 시설팀장을 비롯한 교육 가족에게 너무너무 감사한 마음이다. 늘 단정하기만 하던 행정실장의 머리카락이 헝클어진 것도 그가 얼마나 뛰어다녔는지를 보여 주고 있었다. 전기적인 요인으로 불이 난 것으로 불이 건물로 번지지는 않았지만, 집광판 주변은 난장판이 되어 있었다. 소화 분말이 온 학교 건물에 뒤덮여 있었고 당장 아이들이 수업하기 힘든 상황이 되었다.

교직원들도 모두 기진맥진해서 있었다. 용역업체에 긴급 요청을 해서 청소할 수 있도록 부탁했다.

며칠 후 화재 원인에 대한 감식을 마치고 보니 옥상에 있는 태양광 패널에서 태양에너지가 모여서 전기로 변환시켜 주는 집광판에서 이유를 알 수 없는 전기적인 요인으로 불꽃이 튀면서 불이 난 것이라 한다. 우리 학교는 풍족한 전기자원이 있었다. 한국 전력의 전기를 사용하지만, 태양광 시설과 지열을 함께 사용하고 있어서 비싼 전기료에 구애받지 않고 전기를 사용할 수 있었다. 에어컨도 난방도 맘껏 사용했다. 어느 학교보다 냉·난방에 관해서 풍족하게 쓸 수 있도록 하고 있었으니, 교직원이나 아이들의 만족도가 높았던 상황이다. 그런데 태양광 집광판에서 불이 난 것이다. 불이 나자, 그 업체에 시설 보수를 위해 연락을 해 보았지만, 회사는 폐업해 버린 것이다. 많은 학교가 그 업체에서 태양광 시설을 설치했을 텐데 연락도 할 수 없고 사후관리가 안 되는 것이었다. 심지어 이렇게 불까지 난 것이다.

나중에 알고 보니 우리 학교처럼 이런 상황으로 불이 난 경우가 종종 있다는 것이다. 태양광 집광판에서 불꽃이 튀었을 때 지나가던 시설팀장과 행정실장이 곧바로 발견해서 초기에 진화했으니 망정이지 그렇지 않았거나 아이들이 모두 있는 오전에 그런 일이 일어났다면 많은 혼란이 있었을 것이다. 그리고 야간에 아무도 없을 때 그 일이 일어났었더라면 학교 전체가 어떻게 되었을지, 생각만 해도 끔찍한 일이다. 이 귀한 아이들이 몇천 명이나 모여 있는 학교인데…. 퇴직 이후에도 학교에 불이 난 뉴스를 가끔 접할 때가 있다. 그때마다 정년퇴직을 한 달 앞두고 일어났던 우리 학교의 화재 사건이 떠오른다. 아이들 한 명 한 명이 너무 귀한 때이다. 학교에서의 화재는 절대 일어나지 않기를 기도하는 마음이며, 그날의 영웅들께 감사하다.

후니

교실 맨 뒤, 후니, 자리가 비어있다. 아침 자율학습 시간에 후니를 본 것 같은데, 1교시 수업 시작하려고 보니 보이지 않는다. 목소리 톤이 높아진다.

"후니 안 왔니?"

"책가방 있어요. 조금 전에 막 뛰어나갔어요."

'이 녀석 또 어딜 간 거야?'

반에서 약간 부산스럽고, 말이 많은 아이다. 준비물을 안 가져올 때도 자주 있어 "준비물 잘 챙겨 오자."라고 여러 번 이야기하기도 했다. 최대한 이해를 해 주면서 생각해 본다 해도, 그날의 준비물은 학부모 도움이 필요한 기록물이었던 것으로 생각된다. 후니의 부모님은 맞벌이로 두 분이 모두 늦은 시간에 집으로 오는 것으로 알고 있다. 밤늦게 돌아오는 부모님이 아이의 알림장을 보고 챙겨주기 어려웠을 수도 있다. 후니는 초등학교 2학년이지만 어른스러운 말을 하기도 하고 반항기(?)가 작동하기도 하는 듯한 표현을 자주 하는 녀석이다. 어쩌면 이른 사춘기를 겪는 아이인가 싶은 정도다. 갑작스레 엉뚱한 질문을 해서 수업 진행이 다른 방향으로 갔다 오기도 한다. 가끔 '이 녀석이 선생님인 나를 놀리는 건가?' 하는 생각이 들 때도 있다.

그러나 그 애는 영리하고 아이들과 잘 어울리며, 재미있는 표현을 자주 해서 교실 분위기를 주도할 때도 있다. 수업 시간 중에 잠시도 가만히 있지 못해서 좀 부담스럽기도 한 녀석이다. 그 녀석 때문에 수업 상황이 어수선해질 땐 '초등학교 2학년 조그만 꼬마 한 명을 내 맘대로 할 수 없다니'하는 혼란스러운 마음이 들 때도 있다.

그럴지라도 교실에서 자기 자리는 잘 지키는 녀석인데 갑작스레 없어졌으니 걱정이다. 곧바로 수업을 시작해야 하니 빨리 찾아보기로 하고, 창문을 통해 운동장을 내려다보니 좀 전까지 공을 차던 아이들 몇몇 무리가 현관으로 들어오며 하나둘 사라진다. 거기도 후니는 보이지 않았다. 운동장은 지우개로 지운 듯 점점 하얀 도화지처럼 바뀌더니 조용하다. 1교시는 대부분 체육수업을 하지 않기 때문이다. 화장실도 가 보았지만 보이지 않는다. 복도에도 이젠 아이들이 없다. 계단 쪽에서 발걸음 소리가 나서 나도 모르게 계단 쪽을 주시한다.

"후니니?"

늦게 등교한 아이 한 명이 가방을 들고 털레털레 올라오고 있다. 후니가 아니다. 그 학교는 발령받아 오는 해에 새로 신설된 초등학교다. 그전 해에 개교해야 했으나 등·하교할 때 학생들의 안전이 우려되는

지역이 많다는 이유로 학부모 항의가 거세어 개교가 한 해 미루어지기도 했던 곳이다.

혹시, 아이가 학교 밖으로 나갔다면 우려가 된다. 1교시 수업도 수업이지만 아이들을 두고 교실을 비워 둘 수도 없고, 아침에 있었던 아이가 없으니 찾아야 하기도 한다. 후니, 엄마께도 전화하니 전화가 안 된다. 교무실로 인터폰 해서 교감께 자초지종을 이야기하고 아이를 찾아야 한다며 도움을 요청했다. 깜짝 놀라 서둘러 대책을 세워준다. 일단 방송으로 아이를 찾는다는 안내를 하고, 교무실 인력을 총동원해서 학교 주변을 찾아보겠다고 한다.

"2학년 **반 *후니는, 이 방송을 들으면 즉시, 교실로 가기를 바랍니다."

'아이가 진짜 교실로 못 돌아오면 어떻게 하지?'

온갖 걱정이 되면서 등교하던 아이가 유괴된 뉴스, 교통사고가 났던 뉴스들이 떠올라 수업을 제대로 할 수 없다. '제발 무사히 돌아만 와라.' 기도하는 마음이 된다.

'그 녀석은 어떤 상황에서도 대처를 잘할 녀석이니 걱정 안 해도 되는 애야'하는 믿음의 마음과 초등학교 2학년 아이가 조급한 마음으로 혼자 큰길을 오가는 건 위험하다는 생각이 한꺼번에 올라온다.

반 아이들에게는 등교할 때 큰길을 건너는 아이들이 많아서, 등굣길 안전 이야기도 하고, 교감선생님과 기사가 후니 찾으러 학교 주변을 다니고 있으니 무사히 돌아올 것이라는 이야기도 해 주며

"여러분들은 우리나라의 소중한 보물이어요. 안전하게 잘 자라야 해요"

아이들 한 명 한 명, 얼마나 소중한 사람인지에 대해서 이야기해 주고 있었다.

"선생님, 후니 왔어요."

교실 뒤쪽으로 그 애가 보인다. 슬금슬금 나의 눈치를 보며 녀석이 자기 자리에 기어들어 가듯이 앉는다. 혼날까, 봐 걱정하는 표정이다. 아이들의 눈이 일제히 후니에게로 향하더니, 다음 순간 나의 입을 바라보고 있다. 내 입에서 어떤 말이 나올지 긴장하고 있는 까아만 눈동자들이다.

이 짧은 순간을 잊지 못한다. 집에서는 등교했는데 학교에는 오지 않았던 아이의 불행한 일이 있어 그즈음 그에 대한 교육을 받기도 했고, 학교의 위치는 교통안전 취약지역이기도 해서 걱정을 많이 하고 있었는데 아이가 나타난 것이다.

'무사히 왔구나.' 머릿속으로 안심인데, 그 애를 보자 말문이 막힌다. 가슴에서 울컥하는 기운이 올라오고, 눈에도 뜨거운 무엇이 올라온다. 위험지역을 뚫고 살아 돌아온 사람인 듯 감사하는 마음이 더 크다. 비실거리며 불편한 모습으로 앉는 녀석에게 순간 '욱~'하는 마음과 '다행'이라는 감정이 한꺼번에 올라온다. 화가 나지는 않았다. 감사의 마음이 더 크게 다가왔을 것이다. 안전하게 돌아온 녀석에게 최대한 편안함을 주는 말을 하고 싶어졌다.

"안전하게 왔으니 됐다. 후나!"

"그런데 혹시, 오면서 교감 선생님이나 편 기사님 만나지 않았니? 선생님이 너 걱정 돼서 찾으러 가시게 했지."

최대한 부드러운 말씨로 이야기했다.

"어딜 갔다 온 거야?"

"준비물 가지러요."

녀석이 고개를 푹 숙인다. 혼날 것 같은 분위기로 교실에 들어온 후나는 반겨주는 반응에 오히려 어색해한다. 아니 감동한 표정으로 미안함이 가득한 것으로 보인다. 자기를 그렇게까지 걱정해 주리라 생각지 못했나 보다. 아이들의 눈동자도 긴장이 풀어지고 편안한 표정으로 돌아왔다. 옆자리에 앉은 아이들이 방송도 하고 찾으러 다닌 이야기를 해 주고 있다. 준비물 이야기 자주 한 것이 또 미안한 마음으로 다가왔다. 이 일로 나는 아이들의 안전이 최우선이고 준비물이 없으면 나누어 쓰거나 빌려 쓰거나 교실에 있는 것들을 최대한 활용해서 하도록 하게 되었다. 좀 더 너그러운 교사가 되었다고 할 수 있겠다.

그 후 녀석은 사춘기 겪는 아이 모습의 반응이 사라졌다. 오히려 나의 이야기에 더 집중해서 듣고 따라 주는 아이가 되었다. 똑같은 의문도 부정적인 질문이 아닌, 긍정의 질문으로 하고 있다는 것을 알 수 있었다. 반항적인 아이가 아니라 순종적인 아이로 나에게 다가왔다. 우리가 소중한 보물로 여기던 아이들, 정말 보배가 되어 우리나라를 이끌어 가고 있으리라 믿는다. 이젠 어엿한 대한민국의 청년으로 살아가고 있겠구나. 잘 지내고 있니? 보고 싶다. 후나.

입학식 날

어린 시절 입학식 날을 생각해 본다. 60년이 가까워지고 있다. 엄마 손 잡고 간 기억이 있다. 내 가슴에는 손수건이 달려있었다. 그 당시 입학식 날 손수건을 가슴에 다는 건 1학년생이라는 것을 알려 주는 포인트이기도 했던 것 같다. 내 기억에 입학식 전까지, 초등학교 저학년 아이들까지도 아이들의 코 아래는 콧물이 묻어 있거나 누렇고 작은 물기둥이 아래위로 들락거리는 아이들이 많았다. 그때는 너나 할 것 없이 그랬다. 그래서일까, 입학식 날 가슴에 달고 가는 손수건은 코를 닦는 용도인 샘이다. 요즘 아이들 코 아래는 항상 깨끗하다. 코 흘리개 아기도 보기 어렵다.

우리 부모님은 나를 초등학교에 입학시키실 때 어떤 마음이었을까? 엄마는 초등학교도 제대로 못 나온 서러움을 자식들 공부에 매진해서 대리만족을 하고 싶으셨을 수도 있다. 그 당시 대학까지 나온 아버지를 만나 결혼했으니 자식 공부에 대한 욕심은 아마 아버지보다 엄마가 더 크지 않았을까? 입학하면서부터 엄마의 공부에 대한 잔소리를 많이 들었던 것 같다. 당연히 자식들 공부 잘하고 학교에서 생활 잘하기를 바라는 마음이 크셨을 것이리다. 어떤 소망 같은 것일 수 있다. 그러기 위해 부모님 자신이 어떻게 해야 하는지에 대한 생각은 못 하셨을 수도 있다. 초등학교에서 오랫동안 근무를 하며 많은 아이를 보았다. 아이들의 행복은 부모님께 달렸다고 생각하게 되는 일들이 많았다. 나 자신을 돌아보는 계기가 되기도 한다.

나의 입학식 날과 내가 보았던 40회가 넘는 입학식 날을 돌아보았다. 이제 갓 입학한 아이들은 유치원의 어린이가 아닌 학생으로의 출발이다. 새롭게 출발하는 아이들을 보는 부모님들은 자기 자녀에 대해 특별한 기대를 하게 된다. 학교에 가서 잘 자라고 선생님께도 사랑받고 친구들과도 사이좋게 잘 지내며 학교에서 주어지는 학업에서도 좋은 결과를 얻기를 바란다. 몸도 마음도 건강하게 잘 자라기를 소망한다. 모든 부모님의 마음이지 않을까? 거기까지다. 부모님의 역할에 대해서, 이 아이를 위해서 내가 어떻게 해야 하는지는 당연히 잘해야지 하는 마음까지는 있으나 공부하고 연구하지는 않는다. 그러나 나는 입학식 날, 학부모님들이 가장 집중해서 학교에서 하는 이야기에 귀 기울인다는 것을 알 수 있다.

요즈음은 입학식도 축제의 형식을 빌려서 하게 된다. 축하의 의미가 크기 때문이다. 엄마, 아빠가 아기를 낳아 입학식을 할 수 있도록 키우기까지 얼마나 수고를 많이 해야 하는지, 요즘은 손녀를 돌보면서 더 잘 알게 되었다. 입학식 날이면 담임으로서 학부모님들께 당부를 드리기도 했지만, 교장이 되어서는 별도로 안내했다. 학부모의 역할이 자녀의 삶에 얼마나 중요한지에 대해 이야기했다. 그 세 가지는 내 삶의 지향점이 되기도 한다.

첫째는 "부부가 행복하게 지내십시오." 아이들의 행복은 부모에게 달려있다. 부모가 행복하지 않으면 아이들은 행복해지기 어렵다. 부모가 먼저 행복하기 위해 노력해야 한다. 그 방법은 정말 많다. 종교를 가지거나, 좋은 취미를 부부가 함께한다거나, 가족여행을 주기적으로 하는 방법 등 많이 있으나, 좋은 언어습관을 가지려고 애써야 하는 것을 중요한 것 중 하나라고 본다. 부부가 화목하고 가정의 분위기가 좋은 집에서 자라는 아이는 좋은 토양에서 알맞은 물과 태양 아래서 자라는 화초나 작물과 같지 않을까 한다.

둘째는 "긍정의 질문을 해 주십시오." 아이가 학교에 다녀오면 모든 것이 궁금하다. 어떻게 지냈는지 궁금하여 질문을 하게 된다. 그 질문의 방법을 긍정의 방향으로 해 달라는 것이다.

"오늘, 친구들과 재미있는 놀이 어떤 것 했을까?"

"선생님과 공부한 것 중에 가장 신나는 것은 어떤 것이었을까?"라는 질문과 "오늘 학교에서 너 괴롭히는 아이들은 없었니? 내가 혼내줘야지."는 전혀 다른 방향의 두뇌 활동을 하게 만드는 것이다. 긍정의 에너지를 10년, 20년 받으며 자라는 사람과 부정의 에너지를 받으며 자라는 사람의 모습은 10년, 20년 후 전혀 다른 모습일 것이다.

셋째는 "아이들은 어른의 따라쟁이입니다." 아이들은 어른의 모습을 보고 그렇게 자라게 된다. 어른이 하는 말을 듣고 따르는 게 아니더라는 것이다. '이렇게 해라. 저렇게 해라'하는 말은 오히려 반발심을 일으키기도 한다. 어른의 독서하는 모습, 진실한 모습을 보고 자란 아이들은 그대로 저절로 몸이 따라 하게 된다는 것이다. 오래전 초등학교 2학년 담임했을 때 수업 중이었던 일이다. 부모님 역할 놀이 시간에 했던 때의 한 아이 모습이 떠오른다. "어~ 취한다."하며 비틀거리는 아빠의 모습을 보여 준 것이다. 최근에 4살 손녀도 나를 깜짝 놀라게 했다. 내가 등긁이를 가지고 등을 긁는 모습을 보더니 그것을 따라 하고 있었고, 방바닥에 앉아서 엉덩이를 밀며 바닥을 닦았더니 나를 보자마자 바닥에 앉아서 엉덩이를 밀며 다가오며 반기는 것이다. 아이들은 가까이 있는 어른의, 부모의 거울이다. 형제자매가 의좋게 지내기를, 자녀가 자라 효도할 수 있는 사람으로 성장하기를 바라려면, 내가 먼저 형제자매와 의좋게 지내고 내 부모께 효도하는 모습을 보여 주어야 하듯이, 아이를 잘 키우고 싶으면 내가 먼저, 부모가 먼저 잘해야 한다는 것을 보여 주고 있다.

위 세 가지는 평소 마음에 두고 살아가는 자세이기도 하고 학부모를 만나면 늘 해 오던 이야기이다.

입학식 날에 몇 가지 실화를 예로 들면서 이야기하면 더 집중해 들어주었고 호응도 좋았다. 나 자신도 보람을 느끼던 시간이다.

어느 해 입학식을 마친 그날, 아이들 하교 할 무렵이다. 화장실에 들어가 한 칸을 차지하고 앉아 있었을 때 이야기 소리가 들렸다. 신입생 학부모인 듯한 엄마가 아이를 데리고 볼일을 보러 들어오더니 질문을 하다가 말고 말을 돌리는 뉘앙스다. 멈칫 하더니, 긍정의 질문을 하고 있었다.

"○○ 야, 오늘…. 아~ 참, 친구들과 뭐 재미있는 일 있었니?"

제자

서울 시청 건물에서 에세이스트[1] 행사가 있던 날이다. 나는 친구의 문학상 수상 소식에 축하하기 위해 갔었다. 한참 식이 진행되는 시간에 철이 엄마 전화를 받았다.

"샘 예, 제 부탁하나 꼭 들어주이소, 안 들어주면 안 돼 예."

오랜만에 온 전화인데 대뜸 부탁 이야기다. 행사장이라는 이야기를 한 후, 잠시 후에 다시 전화하겠다고 하고 밖으로 나와 다시 전화했다. 무슨 급한 일이 있는 것인가 싶기도 하고 걱정도 되었다.

"샘 예, 철이가 결혼하게 되었어요. 축하해 주이소."

"어머, 정말 잘 되었네요. 축하해요. 그 애기 같던 철이가 드디어 결혼하는군요. 언제, 어디서 하나요? 시간 맞으면 꼭 갈게요."

진심으로 반갑고 축하하는 마음이다. 내가 할 수 있는 최대의 기쁨

---

1) 이 일이 있고 난 이후 인 2021년에 저자가 등단한 수필 협회이다.

으로 표현했다.

"샘, 그러면 오시는 김에 주례 좀 서 주이소. 부탁이 이거라 예, 꼭 들어주셔야 해예."

너무너무 당황스러웠다. 주례를 서 본 경험도 없을뿐더러 전혀 생각해 보지 못한 일이다. 더구나 혼사는 신부의 의견도 매우 중요하고, 보수적이기도 하여 주례가 있는 경우 대부분 남자가 선다. 요즘은 주례 없는 결혼식을 많이 하기도 한다.

"안 들어주시면 안 돼 예, 철이 장가 못 가 예. 철이 아빠, 새아기하고 다 이야기 끝났어 예."

막무가내다. 설득했다. 주례 없는 결혼식에 대해서도 많이 이야기해 주었다.

"요즘은 주례 없는 결혼식도 많이 해요. 나는 해 본 경험도 없고 그건 절대로 안 돼요. 못해요."

그 후로도 여러 번 전화를 주고받으며 못한다고 이야기하고 주례 없는 결혼식으로 바꾸면 도움 주겠다고 했으나 서울로 둘이 여행 겸 인사하러 보내겠다고까지 한다. 결국, 일단 중간지점인 대구에서 볼일도 있고 하니 한번 만나보자고 했다.

84년생 철이는 1학년이 되는 해 내가 담임하였던 아이다. 큰아들도 같은 학년일 때라 그 해 우리 반 아이들은 모두 내 아들 같은 느낌으로 담임을 했던 것 같다. 학부모와도 더 특별하게 지냈던 것 같다. 철이 엄마는 우리 반 학부모회 총무를 하였다. 그때부터 지금까지 연락하며 지냈으니, 정이 들 만큼 든 것은 사실이다. 내가 서울로 올라오고 한동안 연락 없이 지내다가도 어느 순간 연락을 해 오기도 했다. 그 당시 학부모회를 같이 했던 멤버들이 지금까지도 연락하며 모임을 하고 지낸다고 하니 정말 반가웠다.

내가 학부모 총회 때 했던 말을 기억해 주기도 했다.

"저는 1년 담임으로 올 한 해를 함께 보내지만, 엄마들끼리는 아이들 자라면서도 서로 연락하고 지내면 아이들 성장 이야기도 하고 좋을 것 같아요."

1학년 담임을 할 때면 항상 그렇게 말했던 것 같다. 내가 했던 말을 기억해 주고 또 그것을 그대로 실천하고 있었던 엄마들이다. 그게 고마워 엄마들이 모일 때 같이 차 마시는 시간도 갖고 좋은 시간 보내면 좋겠다고 하면서, 작지만 금일봉을 보내기도 했다. 지금 생각하니 안 받겠다고 하는 것을 거의 억지로 보내었는데 참 잘한 것 같다. 그 당시 나는 스승의 날이면 과분한 사랑을 받기도 했으니까. 생각해보면, 그때의 사랑에 대한 보답이기도 한 것이다.

대구에서 만나기로 한 날이다. 제자를 만나 신부가 될 여자 친구 앞에서 어떤 대화를 나누어야 할지를 생각하며 내려갔다. 제자의 좋은 점을 최대한 이야기해 주어야 할 것이다. 어린 철이의 모습이 떠오른다. 항상 밝고 명랑하다. 학급 임원을 하였으니 당연히 칭찬할 게 많다. 성격이 좋아 분위기 메이커이기도 했다. 이런저런 상황을 떠올리며 안내해 준 곳에 도착하였다. 철이 엄마는 내가 만날 장소를 못 찾을까 봐 걱정하면서 철이를 일부러 주차장까지 내려보냈다. 양복을 입은 모습이 아주 자연스럽고 예의가 발라 보이는 신사가 한 명 나타났다. 얼굴에서는 1학년 철이가 겹쳐서 보인다. 걷는 모습에서도 1학년 철이가 그대로 보인다. 내 눈에는 초등학생 제자와 어른스러운 신사 하나가 왔다 갔다 한다. 말을 놓아도 될지, 높여야 할지…. 초등학생 제자에게 말했다.

"철이니? 아유~~ 멋진 신사네."

"네, 선생님 고맙심더, 선생님, 옛날과 마이 달라 예…." 하며 울먹였다.

나도 그땐 신혼이었으니 젊었을 때였다. 철이는 그 모습을 생각하고 온 것 같았다. 나름 신경을 쓰고 왔으나 지금의 나는 퇴직이 얼마 남지 않은 때이고 아침 일찍 출발하여 장거리 운전을 하고 왔으니 피곤하기도 한 모습으로 보였을 것이다. 그 시절 체육 시간이면 함께 뛰놀던 젊은 신규교사는 아니다. 약간 난감하기도 하고 고맙기도 했다.

그래도 나는 정말 반가웠다. 같이 올라가면서도 '주례 없는 결혼식에 관해서 이야기하고 그렇게 하도록 해야지' 하며 올라갔다. 막상, 철이 엄마와 여자 친구를 만나 이야기를 나누다 보니 주례 없는 결혼식 이야기도 소용없고 이미 작정하고 온 것 같아 더는 주례 못 한다고 말할 수 없는 상태가 되었다. '그래, 어쩔 수가 없구나. 아직 시간이 있으니 차츰 준비하도록 해야겠구나' 생각하고 마음 편안한 상태로 철이 칭찬을 하기로 했다.

나는 신부 앞에서 신랑을 칭찬해 주어 애제자 기세도 좀 세워주고 존경스러운 스승처럼 보이고 싶기도 했던 것 같다. 내가 알고 있는 철이는 초등학교 1학년 철이다. 그때를 떠올리며 학급 임원을 하였다는 말과 성격이 너무 좋아 아이들과 잘 놀았다는 이야기도 해 주었다. 그랬더니 애들과 놀다가 선생님들께 혼난 이야기를 꺼내었다. 학년마다 선생님들의 혼내는 방식과 특징들을 어제 혼난 듯 세세하게 말하는 것이다. 내가 가지고 있었던 회초리 이야기도 빠짐없이 하는 것이다. '그래도 선생님은 규칙을 정해서 혼내셨어요.'라고 말해주니 그나마 다행이다.

성격 좋은 철이는 어릴 때 이야기를 스스럼없이 하고 있지만 나는 바늘방석 같았다.

'칭찬만 하려고 하는데 화제를 놀았던 이야기에서 혼난 이야기로 옮겨 가게 되는 거야?'

겨우 다시 철이 여자 친구 이야기로 화제 전환을 한 후, 대화하였고 제자의 잘 자란 모습이 대견하여 좋은 짝을 만난 것을 축하해 주고 돌아왔다. 그러나 돌아오는 내내 부끄럽고 미안했다. 그때 그 시절 교실마다 회초리가 있고 엄마들은 '우리 아, 혼내서 바로 키워 주이소.'라고 했지만, 맞는 아이들은 얼마나 아팠을까! 엄마들의 진심은 또 어땠을까?

요즘 교육 현장은 그 당시와는 많이 달라졌다. 아이는 꽃으로도 때리면 안 되고 말로도 안 되고 분위기로도 안 된다는 것을 누구나 알고 있다. 선생님들 자신도 철저히 지키고 교육받고 있지만, 어린아이들 시기에 혼난 기억, 힘들었던 기억, 특별한 기억들은 평생 마음에 남아 있다는 것을 계속 생각하며 아이들을 대하기는 어려울 것이다. 그리고 이렇게 몇십 년이 지난 후까지 제자들이 마음으로 느끼고 있다는 것을 실제로 만나 이야기 들어보기는 쉽지 않다.

돌이켜 보면 나도 학창 시절 힘들게 했던 선생님들에 관해서는 친구들과 모이면 좋은 생각이 들지 않는다. 제자들이 모여서 그분들에 관해 좋지 않은 기억을 떠올리며 이야기하게 된다는 것을 모를 것이다. 주례를 선다는 것은 나에게 큰 영광이었지만. 철이의 마음을 통해, 내가 그동안 좋은 기억만 하고 있을 것으로 생각한 애제자조차도 내가 저지른 잘못을 기억하고 있다는 것을 알게 된 건 아이러니가 아닐 수 없었다.

철이야 미안해, 잘 자라주어 고마워, 사랑해. 나에게 혼난 많은 제자들아 미안해. 그리고 지금은 모두가 내가 사랑하는 제자 철이처럼 우리나라를 이끌 주역들이 되어 있으리라 믿어. 고마워.

노랑머리 갈색 머리

노랑과 갈색으로 굵은 새끼줄처럼 땋은 머리가 나풀나풀 춤추며 가고 있다. 그 위에 송이버섯모양으로 얹어 놓은 듯한 검정머리색이 두드러져 보인다. 예사롭지 않은 머리 모양이다. 남편의 코로나 예방접종에 동행하다 만난 눈에 확 띄는 여자아이의 모습에 눈길이 쫓아가고 있었다. 이른 아침 시간, 초·중학생쯤 보이는 아이이니 학교에 가나보다 하면서도 학교에 가는 모양새가 아닌 것처럼 보이기도 한다.

'학교에는 안 다니는 건가? 하긴, 요즘은 학교에 가지 않는 아이가 종종 있기는 하지'하는 생각이 들었다. 학년 초가 되면 입학을 하지 않는 아이들이 있어서 매년 학교에서는 「의무교육관리위원회」를 열게 된다. 그 아이들은 대안학교를 가기도 하고 홈스쿨링을 한다고 하는데 철저히 되고 있는지 관리하기 위해 여는 것이다. 그에 해당되는 아이일 수도 있긴 하다는 생각이 들기도 했다. 남편은 그 아이를 보더니

"에이…, 쯧쯧, 머리 꼴이라니…."

"요즘은 자기 하고 싶은 머리 스타일대로 하는 것이죠 뭐. 뭐라 말할 건 아니어요. 특이한 머리 스타일 많고 많은데 무슨…."

혹시라도 남편이 하는 소리 듣고 서로 안 좋은 모양새가 될까 봐 걱정되어 얼른 다른 방향으로 남편을 끌고 갔다.

30여 년 전 6학년을 담임하던 때, 우리 반 여학생 한 명과 기싸움(?)을 하듯 했던 때가 떠올랐다. 그 당시는 두발검사, 손톱검사 등도 수시로 하던 때다. 당연히, 초등학교 학생이 머리 염색하는 것은 생각지도 못한 시절이다. 염색을 하고 학교에 오는 아이는 정말 아무도 없었다. 그런데, 교실에 들어오는 그 아이의 모습에 깜짝 놀랐다. 노란색에 가까운 갈색머리로 교실에 들어오고 있었다.

"머리가 그게 뭐냐? 엄마가 그렇게 해서 학교에 가는데도 아무 말 안 하냐?"

"아무 말 안 했어요."

"국민학생이 머리에 염색하고 다니면 되겠냐?"

"……."

"엄마도 그렇구나, 아무 말씀도 없다니…. 내일 당장 원래 머리로 해 갖고 오도록 해라."

어찌 딸이 머리를 노랗게 물들여서 학교에 가는데, 엄마가 아무런 말이 없을 수가 있는 것인지 도저히 이해되지 않았다. 또 그 아이는 평소에도 수업 시간에 집중을 잘하지 않는 아이라는 생각을 하고 있기도 했다.

그날 오후 일기장을 검사하면서 본 그 아이의 일기장에는 머리염색에 관한 내용이 자세히 쓰여 있었다. 누군가에게서 맥주로 머리를 감으면 머리색이 갈색에 가깝게 이쁘게 나온다는 이야기들 듣고 언니와 맥주로 머리를 감으면서 재미있게 놀았던 내용이었다. 나는 일기장 하단에 '염색은 하지 않도록 하면 좋을 것 같습니다.'하는 말을 써 주었다. 국민학생에게 맞는 두발에 대한 생각만 하였고 6학년 사춘기 여학생 아이의 마음을 살피지는 못하였다. 그 후, 그 아이와 나는 관계가 멀어졌다. 머리 염색은 한동안 그대로 하고 왔다. 일기도 아주 단순한 내용의 일기만 써 왔다. 선생님께 핀잔받을 것 같은 내용은 빼고 쓰느라 힘들지 않았을까 생각되기도 한다. 지금 생각해 보면 언니와 함께 맥주로 머리를 감으며 즐거워했고 변색되는 모습에 신기했을 수도 있다. 저녁에 엄마께 혼났을 수도 있다. 아니면 엄마와 함께 자유분방하게 즐거워했을 수도 있다. 가장 사랑하는 엄마께 핀잔주는 말을 하는 담임이었으니 그 아이에게는 좋아할 수 있는 선생님은 아니었을 것이다.

"00아. 머리 색깔 예쁜데? 그런데 너무 눈에 띈다…."

'염색하지 않아도 이쁩니다.'

정도로만 이야기하고 써 주었으면 얼마나 좋았을까?

요즘은 일기가 개인의 프라이버시 침해 가능성이 있다고 해서, 학교에서도 일기장 검사를 하지 않는다. 그 당시 나는 방과 후가 되면 거의 매일 일기장 검사를 했다. 일기를 써 온 모든 아이에게 일기장 하단에 나의 코멘트를 작성해 주었다. 일기장을 보면 아이들의 마음도 알 수 있고 가족의 모습도 볼 수 있었다. 그것은 생활지도에도 큰 도움이 된다고 생각했었다. 내가 일일이 살펴보고 좋은 말도 써 주고 글 내용 수정도 하여 주는 것에 대해 아이들도 학부모도 좋은 반응을 해 주었다. 맞춤법이나 띄어쓰기를 바르게 표시해 줄 수 있어서 학력 향상에도 좋다는 생각이 들었다. 거의 모든 지혜를 짜내어 아이들의 미래를 열어줄 말을 찾아 써 주려고 열정을 다했다. 아마도 진실로 자기 마음을 쓰는 순박한 아이도 있었겠지만 선생님께 보여주기 위한 일기를 써 온 아이들도 있었을 것이다. 그 아이로 인해 나는 아이들의 일기장 댓글에는 좋은 말만 써 주게 되었다. 나에게 깨달음을 준 친구이기도 하다.

경력이 쌓이고 선생님들이 아이들과 힘들어하는 관계가 되는 것을 보는 경우가 있다. 정말 어려움이 있는 아이일 수 있겠지만, 선생님과의 관계에 어려움이 생겨서도 그럴 수 있을 것이다. 그때의 내 모습이 떠오른다.

10년 전쯤, 해외 선진 교육 현장을 방문한 적이 있다. 교육현장 브리핑이 끝나고 우리는 질의응답을 하는 시간을 가졌다. 여러 가지 질문과 답이 있었지만 학교현장에서 학생들의 과한 행동 등으로 힘들어하는 교사들을 많이 보았기에 문제학생들에 대한 상담체계에 대해서도 질문을 하였다. 학급당 학생 수는 십여 명 정도로 우리 교육현실과 차이가 많은 곳이었지만 그곳 교장선생님의 답변은 두고두고 마음속에 남아 있다.

"이 세상에 문제 어른은 있어도 문제 아동은 없다고 합니다. 상담을 아무리 해도 안 되는 심각한 문제 아동이 있다면 치료를 요하는 아이입니다. 병원과 연계해서 도와주어야 합니다."

최근 들어 우리나라도 일부학교부터 상담사가 배치되고 힘든 아이는 학부모 동의가 있는 경우 병원과 연계하여 도움을 주기도 한다. 머리 염색 때문에 한 아이의 마음을 힘들게 했던 지난날을 돌이켜 보면 고백하건대 정말 문제는 아이가 아니라 '나'이었지 않았을까? 변명을 하자면, 교실의 학생 수가 적었으면 그 아이와 진지한 대화를 할 시간도 더 많아 아이와 관계회복도 할 수 있지 않았을까? 생각해 보게도 된다.

그때 그 친구도 지금은 어른이 되어 있을 것이다. 그만한 아들, 딸이 있을 수도 있다. 다시 만나면 꼭, 해 주고 싶은 말이 있다. "정말 미안해."

〈2021. 10. 1〉

전학생 라니

전학생 라니

영어 난독

어린 시절 친구

찐 선생님

이런 동창회 보았나요?

전학생 라니

"지금 전학해 오는 애들은 안동여고 합격률을 떨어뜨릴 애들이야."

"……."

교무실에서 너를 흘깃 훔쳐다 보며 한 말씀 하고 가는 여교사의 이 말 한마디에 너는 깊은 상심이 되었을 거야. 한 마디도 대꾸하지도 못했고 고개만 숙이고 있었지. 어쩌면 못 들은 척했을 수도 있겠구나. 그날, 전학생이었던 라니야, 네가 간 중학교 3학년 2학기 첫날에 듣게 된 그 말은 너의 뇌리에 꽉 박혀 있을 것 같아. 낯선 교무실에 들어선 너는 당연히, 모두가 너를 반겨 주리라고 생각했을 거야. 초등학교 때 벌써 두 번의 전학 경험이 있었고 그때마다 친구들과 선생님들은 반겨 주었으니 당연히 그러리라 생각했던 거야. 그런데 지나가던 여교사가 너에게 그런 소리를 했으니 얼마나 놀랐겠니? 그 후, 물론 안동여고에 당당히 합격했지만, 중학교 3학년 2학기가 너에게는 블랙홀 같은 기간이 되지 않았을까? 그날의 상심으로 너는 3학년 2학기에 찍는 졸업

앨범 사진도 찍지 않았어. '이 학교 졸업생이 되고 싶지 않다.'라는 생각을 했던 것 같아. 그렇다고 그전 학교에 가서 졸업앨범 사진을 찍을 수도 없었는데 말이야. 전학하기 전에 함께 했던 친구들을 많이 그리워하여 오랫동안 연락하고 지내기도 했었지.

중학생 라니야, 새 학교가 낯설었지? 낯선 교무실에서 그런 말을 들었으니 얼마나 마음이 힘들었을까? 그 교사를 대신해서 사과한단다. 아마, 그 당시는 중학교에서 고등학교에 갈 때 입학시험을 보고 합격, 불합격이 정해지니 교사들은 그 주변 지역에서 가장 선호하는 안동여고 입학률을 높이려고 애를 쓰지 않았을까 생각은 되는구나. 그러나 아무리 그렇더라도 전학해 오는 학생에게 그런 말을 한 것은 해서는 안 되는 말이고 행동이라고 생각된단다. 전학생이 겪을 수 있는 어려움을 해소해 주어야 할 교사가 전학생에게 어려움을 겪게 만든 결과를 가져다주었다고 할 수 있겠구나.

라니야, 첫 번째 전학은 초등학교 3학년 때 이루어졌지. 그때 만난 남자 선생님은 참 무서웠지? 공부 시간에 아이들이 말을 잘 듣지 않는다고 선생님이 자살하겠다고 말해서 반 친구들은 깜짝 놀랐고, 라니는 그 단어를 그날 처음 들었어. 그날의 기억이 선명하게 남아 있을 거야. 지금 생각해 보니, 그건 선생님이 아이들에게 협박한 것이었어. 그런데도, 너는 잘 견디어 내었어.

두 번째 전학은 6학년 때였지. 6학년 1학기 3월 개학 첫날이었어.

상주 중앙초등학교 전학생이지만 라니는 전혀 어려움이 없었고, 아이들과도 잘 지냈지. 중학교 입학시험을 보던 시절이었으니, 학교에서 밤늦도록 수업하고 집에 오는 날이 많기도 했지. 우리 반 아이들은 담임선생님께 과외수업을 받는 아이들도 많았어. 라니는 담임선생님께 과외수업을 받을 만한 형편까지는 안 되었어. 6남매의 맏딸이니 집에 와서 동생들을 돌보기도 해야 하는 때였지. 네가 전학해 온 그때 네가 살던 집은 여러 가구가 모여 사는 마당이 넓은 집이었어. 그 집주인 딸은 너와 같은 반이었지만, 중학교 진학을 하지 않았어. 너는 셋방 사는 집 아이였지만 진학을 했지. 아버지는 네가 성적표를 받아오면 성적표를 꺼내어서 큰소리로 읽어주었어. 과외수업을 하지 않아도 잘했다고 자랑하듯이 말이야. 너는 그 옆에서 촐랑촐랑 대며 아버지가 자랑스럽게 읽어주는 성적표를 들여다보곤 했지. 크게 잘한 것 같지 않았지만, 아버지는 자랑해 주었어. 학교에서도 선생님이 어려운 비례 문제를 내셨던 날, 우리 반 아이들이 모두 잘 못 풀었다고 차례대로 회초리로 손바닥을 맞았어. 네 차례가 되어 공책을 들여다보고 라니 혼자 맞았다고 큰 소리로 말해 주며 지나가셨어. 어쩌다 맞은 것 같은데 너무 긴장하고 있어서 너도 잘 모르는 듯하더라. 과외 안 하고도 잘한다며 칭찬 들었지. 너는 전학생이었지만 전혀 어려움 없이 다른 반 아이들과도 친해지며 잘 지냈어. 그때의 전학도 성공적이었다고 할 수 있겠어.

그런데 말이야, 중3이 되었을 때 아버지가 안동으로 전근을 가셨어. 부모님은 중3이니 전학을 안 시키고 바로 아래 초등학교 5학년 여동생과 둘이 자취하게 했어. 자취하며 밥도 잘 안 해 먹고 학교도 힘들게 다녔던 것 같아. 너는 만화책을 좋아해서 맨날 만화방에 가곤 했지. 만화방만 가는 불량 학생으로 보일 수 있는데 말이야. 한 학기를 자취하게 해보니 도저히 힘들 것 같아 부모님이 결단을 내리셔서 중학교 3학년 2학기이지만, 너와 동생을 안동으로 전학시키게 된 거지. 동생은 중학교 1학년이었어. 네가 전학을 한 날, 교무실에서 기억에 생생히 남는 그 말을 듣게 된 것이지. 충격이었다고 해야 할 것 같아.

전학생 라니야. 교사가 된 내가 사과할게. 그리고 다짐할게. 아무리 학교, 학급이 바라는 목표 달성에 어려움이 있는 아이 일지라도 아이들 개개인을 소중히 여기고 마음에 상처 주는 말을 하지 않는 교사가 되겠다고 말이야. 그리고 일시적인 질서유지나 통제를 위한 위협적인 말도 하지 않겠다는 약속을 한단다.

너는 초등학교 교사가 되었고. 좋은 선생님이 되기 위한 노력도 많이 했어. 좋은 선생님들의 좋은 모습을 본받기도 했지만, 좋지 않은 모습을 보인 교사들의 모습에서도 그렇게 하지 않아야 한다는 것을 알고 실천한 것은 참 잘했다고 생각되는구나. 항상 아이들 앞에서 극단적인 언어사용은 하지 않아야 한다고 다짐했고, 상처 주는 말을 하지 않아야 한다는 것을 잊지 않고 교직 생활을 한 것 같구나. 라니의 힘들었던 경험이 더 나은 라니샘을 만들게 하는 밑거름이 되지 않았을까? 다가오는 너의 삶에서도 언행 하나하나가 주변 사람들에게 어떤 영향을 줄 수 있는지 잘 생각하고 말해야 해. 지금 여기, 함께 하는 모두가 라니, 삶 속 주인공들이야.

영어 난독

나는 책 읽기를 좋아하고, 소리 내어 낭독하기도 좋아한다. 전화하면 사람들은 내 목소리가 참 좋다고 한다. 목소리에 자신 있는 사람이 되었다. 그 말에 심취해서 대학 졸업 후 발령 대기 하는 동안 아나운서 시험을 보러 가기도 했으니 말이다.

전화로 상담하면서, 귀부인 대접을 받은 적이 있다. 전화 상담 후 직원을 찾아갔더니, 직접 일어서서 좋은 볼펜을 준비해서 주면서 서류를 준비하고 상담을 마쳐 일을 잘 마무리 짓기도 했다. 그런데 이후, 그 직원을 만날 때부터는 그냥 입구에 있는 볼펜으로 작성하게 해서 실망한 적도 있다. 겸손하게 말하자면, 겉모습에 비해 목소리가 이쁘다고 해 두겠다. 나는 어쨌든 목소리에 자신이 있었다.

초등학교 때부터 공부 시간에 선생님이 "책 읽을 사람?" 하면, 어느 선생님이든 무조건 손을 들었다. 서서 낭독하고 싶은 마음이 있어서이다. 고등학생이 되어 영어 시간에도 낭독을 해대었다. 발음이 좋다고 하니 진짜 그런 줄로 알았다. 책을 읽으면서 곧바로 해석은 자신 없었지만, 스펠링에 맞추어 읽는 것은 좋아했다.

고등학교 1학년 때, 영어 시간이다. 그날도 그 영어 선생님은 독해 부분을 "읽을 사람?" 했다. 우리 반 아이들은 아무도 손을 들지 않았다. 나는 앞뒤를 둘러보다 누구라도 손을 들어야 할 것 같았다. 그리고 내심 읽기는 그냥 영어 스펠링대로 읽으면 되니 읽어 보고 싶기도 했다.

"저요."

살짝 손을 들어 읽겠다고 했다.

"응, 그래 읽어 봐."

"~~~~~~~~~~~~~~"

나는 아주 신나게 읽었다. 뜻은 모르겠지만 '스펠링 따라 읽는 것이야! 뭐~~'

자신 있게 읽고 뿌듯한 마음으로 자리에 앉았다. 이젠 편안한 시간이다. 그런데 영어 선생님의 다음 말이 뒤이어져서 깜짝 놀랐다.

"응, 발음 좋아. 그렇게 발음도 좋으니, 뜻도 잘 알 거야. 해석도 해 봐."

엉거주춤 다시 일어섰다. 비실거리며 책을 다시 펴들고.

나에게로 향하는 친구들의 시선이 느껴졌다. 조용한 교실에서 100개가 넘는 까만 눈이 모두 내게로 쏟아지고 있었다. 너무 난감했다.

해석은 자신 없었다.

내 변호를 하자면, 그 시절 우리들이 하는 영어는 중학교부터 대학까지 영어를 공부한 대학 출신들도 외국인과 대화는 잘 안되는 게 일반적이었다. 심지어 영어 선생님들도 외국인과 대화 못 하는 선생님들이 있었다고 할 정도였으니 말이다.

"~~~"

엉터리로 단어를 꿰맞추며 떠듬거리고 있었다.

"그게 뭐야!! 뜻도 모르면서 ***"

쥐구멍이라도 있으면 들어가고 싶었다. 먼저 책을 읽겠다고 손을 든 내가 너무 부끄러웠다. 아이들이 모두 말없이 조용해지면서 달그락 소리조차 없이 작은 숨소리만 들리는 듯하다. 모두 나를 쳐다보는 것 같다. 그 시간 이후 영어 시간은 나에게 도망가고 싶은 시간이 되었다.

예비고사 성적도 영어는 좋지 않았던 것으로 안다. 영어 공부를 하려고 하면 그 시간이 나에게로 오는 날이 많다. 왜 자꾸 그 시간이 떠오르는지 모르겠다. 영어를 잘 못하게 된 핑계를 나 스스로하고 있는지 모른다.

나는 그 상황을 만든 건 선생님이 아니라 나였다고 객관적으로는 생각하고 있다. 그날이 떠올려지게 된 것도 선생님이 아니라 '나의 잘못이다.'라고 생각은 된다. 그런데 영어를 떠올리면 그날의 상황이 다가온다. 바보처럼, 영어 난독으로 빠지고 있다.

'선생님, 해석은 아직 해 주시지 않았잖아요.'

교사로 발령을 받고 얼마 안 있어, 사람들은 우리나라 기업들의 무대가 세계로 나아가면서 해외로 진출하는 사람들이 많아졌다. 휴가가 되면 여행도 해외로 눈을 돌리게 되었다.

나도 영어를 잘해 보고 싶은 마음이 커졌다. 교사들이 하는 영어 연수가 있으면 찾아서 해보기도 하고 그 외에도 영어 공부를 할 기회가 있으면 애쓰며 참여했다. 그러나 결과는 신통치 못하다. 영어 잘하는 사람들을 보면 부러움만 생긴다.

**스쿨이라는 온라인 영어 학습사이트에는 초창기 멤버로 참여해서 지금까지 평생회원으로 등록은 되어 있다. 평생회원은 꾸준히 하지 않으면 회원자격이 유지되지 않는다. 지금은 남편이 회원 유지를 위한 만큼만 참여하고 있는 정도다. **스쿨이 남편에게 지워진 짐이 되고 있다. 그 틀을 깨고, 나도 영어 잘하고 싶다. **스쿨! 내가 갈게. 영어 난독 타파하러.

어린 시절 친구

"문디이 가시나야, 잘 있었나?"

"……."

"지랄하네, 안즉도 그라고 있나?"

통화가 한동안 이어진다. 별별 이야기를 다 하는 것을 보니 참 친밀한 사이이다. 스스럼없이 통화하는 모습을 보며 나는 잠시 없는 사람이 되어 본다. 그리고 통화 끝나면 즉시 고상하고 품위 있는 사목회 부회장님의 모습으로 돌아와 "내가 너무 수다스러웠지요?" 한다. 순간이동이다.

성당에서 매주 한 번 성경모임 봉사자 활동을 하게 된 어느 날이다. 우리 그룹원은 3명인데 70대 두 분, 사목회 부회장인 80대 한 분이다. 그 부회장님 댁이 성당 가는 길 중간쯤이니, 성당 갈 때 만나서 모시고 간다. 함께 가면서 전화 통화하는 일이 종종 있다. 전화로 하는 이야기를 들으면 상대가 누구인지 짐작할 수 있다.

상황은 초등학생끼리 통화하는 모습과 똑같았다. 목소리도 생기발랄하다. 틀림없이 초등학교 친구와 통화하는 거다. 나이는 80대지만 내가 학교에서 아이들과 함께 지내며 보아왔던 그 아이들처럼 친구분과 이야기하고 있다. 시대를 거슬러 초등학교 시절로 돌아간 듯하다. 초등학교 친구를 만나면 사람들은 저절로 그 시절로 돌아가나 보다. 참 신기한 일이다. 초등학교 6년을 같은 반으로 지냈고 늘 자주 연락하며 만난다고 하니 얼마나 끈끈할 것인가. 나는 부러워진다. 나도 초등학교 시절로 돌아가 보고 싶다.

여고 동창 7명의 모임이 있다. 그 친구 중 한 명인 나나 집에서, 남편이 친구들과 해외여행을 간 틈을 타서 1박 2일로 모였다. 솜씨가 좋아 새로 이사한 집을 깔끔하고 고급스럽게 해 놓아 우리의 부러움을 사고 있는 친구다. 음식 솜씨도 좋다. 더구나 예쁜 그릇에 호텔 레스토랑 분위기로 세팅을 해 두어 깜짝 놀라게 만든다. 이런 친구를 볼 땐 남편에게 살짝 미안해지기도 한다. 그러나 한편으로 모르는 척 묻어 두고 만다.

일전에 그 친구 집에서 모임 했을 때, 집에 들어가자마자 우리는 예쁘게 세팅된 간식으로 몰려들어 감탄하며 맛을 보았다. 여고 시절로 돌아가 쉬는 시간에 둘러앉아 재잘거리며 간식 나누어 먹는 친구들 같다. 우리의 회장은 늘 그렇듯 선물한 보따리씩 갖고 와서 풀어놓으니, 선물 받고 기뻐했던 어린 시절로 돌아가게 만들기도 하고, 모여 있다. 보면, 마치 여고 시절 교실에서 시끌시끌하던 모습이 되어 있다. 나는 그 시간이 좋다.

하룻밤을 묵으며 나누는 이야기가 끝이 없다. 밥을 같이 먹으면 친해지고 목욕을 같이하면 더 친해지고 잠을 같이 자면 또 더 친해진다고 한다. 끝없는 이야기를 주고받게 된다. 그러다 보면 초등학교 이야기도 나온다. 우리 중에는 초등학교부터 함께 다닌 친구가 있다. 그 친구들이 서로 이야기할 때는 초등학생 시절로 돌아가 있는 듯하다. 행동도 딱 초등학교 시절 그 모습이었을 것으로 보인다. 나는 또 부러움이 몰려왔다.

초등학교 전학을 두 번이나 했고, 6학년 때 전학을 와서 졸업했다. 그리고 중학교에서도 전학했다. 초·중학교 다니던 곳은 공무원 아버지를 따라 잠시 있었던 곳이고 고향도 아니었으니 이젠, 그곳을 잘 가지 않는다. 전학해 온 후 초등학교 친구들과는 자연스레 연락할 수 없게 되었다. 중학교 3학년 때는 전학해 오는 날, 교무실에서 스치듯 지나가며 말하는 어느 여자 선생님의 이야기도 기억에 고스란히 남아 있다.

나를 쳐다보며 "지금 전학해 오는 애들은……." 가뜩이나 낯선 곳에서 웅크러져 있을 전학생에게 해서는 안 되는 말로 상처를 주었다. 그 여교사가 누구인지 기억나지 않는다. 그 말만 기억한다. 친구들은 한 목소리로 "000 선생님일 거야."라고 한다. 그런 말을 할 만한 성품의 교사를 떠올리며 이야기한 것 같다. 아이들의 눈에도 별난 선생님들은 그 모습 그대로 기억하게 된다. 어떤 분이었는지는 확실하지 않다. 내 기억에 여자 선생님이었다는 것밖에는 모른다. 많은 세월이 지난 후에도 동창생들이 모여서 밤새워 이야기하다 보면 대부분 선생님 이야기가 나오게 되어 있다. 좋았던 이야기보다 힘들었던 이야기, 혼났던 이야기가 먼저 쏟아져 나온다. 나에게는 친구들과 이야기할 수 있는 가장 어린 시절 이야기는 대부분 고등학교 때이다.

그날 모인 일곱 명의 동창생 중 전학을 경험해 본 친구는 없다. 전학하면 어떤지 궁금해하기조차 한다. 초등학교 친구는 더 특별하다. 동심으로 돌아가 아동기의 생각부터 공유되는 것들이 많기 때문이다. 순수했던 어린 시절로 잠시나마 함께 가 볼 수 있는 친구들이 있다는 것은 부러움의 대상이다. 내 초등학교 시절 이야기를 공유할 친구가 있으면 얼마나 좋을까.

고 이어령 선생은 '친구가 없어 실패한 인생이다'라고 까지 말했다. 그만큼 사람에게 친구는 소중한 것이다. 자기 삶의 성공·실패까지 가늠할 정도이니 말이다. 어린 시절부터 생각을 공유하면서 깊이 있는 마음의 이야기를 나눌 수 있는 친구 한 명만 있어도 성공한 인생이지 않을까.

지금 이렇게 60대가 넘은 나이에 어린 시절 친구가 없음을 아쉬워하는 건 내 마음에 아직 허전함이 있어서 일 것이다. 나는 모임이 제법 있다. 직장생활을 하며 가는 곳곳마다 친구들을 사귀게 되었고 다시 만나보고 싶어진다. 그때마다 모임이 생겨 자주 만나고 있다. 그나마 다행이다. 나를 만나주는 친구들 고마워.

찐 선생님

교실은 아침 일찍 등교하면서부터 아수라장이다. 벽 쪽은 친구들이 붙어서 서로서로 물구나무서기 하느라 난리들이다. 잘하는 아이들은 교실 가운데서 벽에 기대지 않고도 거꾸로 선다. 쉬는 시간, 방과 후에도 서로서로 잡아주면서 깔깔거리고 즐긴다. 집에 가서도 이불을 바닥에 깔아 두고 벽에 붙어서 해보게 된다. 운동을 잘 못하는 편인 나도 연습하니 된다. 물구나무를 완전히 서게 된 날 "나도 된다." 자신감이 생겼다. 집에서 동생들까지 따라 한다. 엄마 아버지도 달리기는 매일 꼴찌인 딸이 물구나무서는 모습을 보고 빙긋이 웃는다.

줄넘기를 배우는 기간에는 거의 매일 줄넘기에 매달렸다. 여러 가지 방법으로 다리를 들고뛰기, 한 발씩 뛰기, 한 번에 두 번 돌리며 뛰는 2분의 1박 뛰기와 엑스 자 돌리며 뛰기, 엑스 자 계속 돌리며 뛰기, 두 명이 같이 돌리며 뛰기, 들어오며 나가며 뛰기를 연습한다. 심지어 뜀틀도 다섯 단까지 쉽게 뛰어넘을 수 있게 되었다.

수업을 마치면 교실에 왁스 먹이는 청소를 하기도 한다. 조그만 초크로 나무 재로 된 교실 바닥을 문질러 윤을 내는 청소이다. 엉덩이를 치켜들고 두 손으로 걸레를 쥐고 교실 끝에서 끝까지 바닥을 닦으며 달리다시피 청소한다. 청소를 마치면 또 물구나무서기, 줄넘기 연습을 한다. 우리는 오매불망 운동에 매진했고 운동 잘하는 반이 되어 여러 선생님 앞에서 보여주기도 했다. 초등학교 5학년 때이다.

그때의 담임선생님 진계술 선생님, 가장 잊지 못하는 초등학교 선생님이다. 혹시, 어떤 기회가 되어서 만나게 된다면 정성을 다해 인사드리고 싶다. 교실에서 교육과정에 맞추어 열심히 공부하게 한 선생님들이 많을 텐데 늘 그분이 최고라고 생각한다. 나에게 칭찬을 많이 해 준 것도 아니고, 특별하게 대해 주지도 않았지만, 다른 사람들에게 그분 이야기는 종종 하게 된다. 6학년이 되어 전학 갔더니 그 학교에서 줄넘기 잘하는 아이에 속했다. 달리기를 못해서 늘 꼴찌이고 심지어 이어달리기하면 다른 사람은 앞으로 가는데 나는 뒤로 가는 것 같다는 소리까지 들었다. 누구나 연습하면 잘할 수 있다. 하며 격려해 주었고, 실제로 물구나무서기와 줄넘기를 잘하게 되었다. 그분은 내게 잊을 수 없는 선생님이 되었다.

교사가 되었다. 5학년 때 나의 선생님처럼 아이들에게 운동을 많이 하게 해 주고 싶었다. 여자 교사이지만 운동장으로 나가 아이들과 많은 시간을 보내었다. 선생님들이 하는 수업대회라는 것이 있어 참여하며 어떤 과목을 할까, 고민하게 되었다. 진 선생님처럼 하고 싶었으나 체육은 자신이 없어, 내가 전공했던 과목 수업을 하기로 했다. 아이들에게 과학에 관한 기본 실험을 많이 했다. 모든 과목을 신경 써서 해야 하지만 특별히 과학 수업은 더 집중해서 하게 된다. 1년을 하고 나니 우리 반 아이들은 과학 수업에 있어서 관찰기록을 하거나 실험기구 다루는 활동을 자연스럽게 잘하게 되었고, 수업 대회에서도 좋은 성적을 거두었다. 그다음 해 스승의 날, 전 학년도 담임했던 아이들에게서 편지를 가장 많이 받았던 해이다. 한결같이 과학실험을 많이 했던 기억을 써 주었고 과학자가 꿈이라는 아이들, 과학 선생님이 되겠다는 아이들, 발명가가 되겠다는 아이들이 많았다. 함께 보낸 1년만으로도 아이들에게 제법 영향을 줄 수 있겠구나! 하는 생각이 든다. 나로 인해서, 단 한 명의 아이라도 우리나라 과학에 이바지하는 사람이 나오게 된다면 나는 성공한 교사이지 않을까? 그 아이들이 어른이 되었을 때 나를 기억해 준다면 더없이 감사할 것이다.

나에게 영향을 준 진 선생님은 내가 선생님을 기억하면서 교사로 살아간다는 것을 모르실 것이다. 나 또한 내가 모르고 있을지라도, 나의 제자들이 자기 삶에 좋은 영향을 주는 선생님으로 기억하고 있다면 그게 가장 큰 보람이다. 진 선생님은 찐 선생님이다. 나도 찐 선생님이 되고 싶었다.

이런 동창회 보았나요?

47년 2개월 만에 만나는 당신, 잘 있었나요? 꽃다운 19살 소녀가 할머니가 되어서 당신을 보러 왔네요.

옥련 지를 품고 있는 당신은 산 중턱에 서 있었어요. 우리는 아침이면 언덕을 올라 당신께 갑니다. 당신께 가는 그 길을 따라 올라가며 우리는 다리가 무 다리 된다며 투덜거리곤 했지요. 밤에 불이 나서 우리가 모두 너무 놀라기도 한 적이 있습니다. 불난 당신을 보호하기 위해 생물 선생님이 뛰어다닌 이야기는 전설처럼 들려오기도 했었지요. 운동장에서 교련복을 입고 제식훈련 하던 때, 음악 시간이면 방음장치가 잘 된 멋진 음악실에서 '코오르위붕겐'으로 음정 훈련을 했던 때도 떠오릅니다. 미술 선생님은 화가 특유의 모자를 쓰고 다녔던 멋쟁이 선생님이셨고요. 무용 시간 무용실에서 춤출 땐 선이 고운 친구를 부러운 눈으로 보기도 했던 곳이고, 야간자율학습까지 하며 열심히 공부했던 곳이지요. 당신은 나의 여고 시절을 함께 한 모교 안동여자고등학교입니다.

그 시절 4층 건물의 층마다 교실 앞에 테라스가 있는 학교는 시대를 앞서가는 건물이라며 자랑스러워했습니다. 시내에 위치하던 당신이 새로운 좋은 건물 지어 이사한 곳이 현재의 그 자리입니다.

버스 3대를 타고 들어간 학교는 여고 시절 꿈을 키웠던 그 자리 그대로 있었습니다. 우리가 흙을 날라 꾸며나갔던 옥련지 연못도 더 예쁘게 조성되어 있고 주변은 숲이 우거져 학교를 돌아보는 우리의 눈을 시원하게 해 주었습니다. 딸 같기도 하고 손녀 같기도 한 앳된 선생님들이 안내해 주는 교정 이곳저곳을 다 돌아보았습니다. 꿈 많던 소녀 시절, 친구들과 몰려다니던 곳을 이제야 다시 와 본 겁니다. 옥련 지를 둘러보고 내려오고 있는데 교정에 있던 몇몇 아이들이 우리의 방문 소식을 듣고, 3, 4층쯤에서 창문 너머로 아래를 내려다보며 '안녕하세요. 선배님'이라며 소리를 질러줍니다. 아줌마, 할머니가 아니라 선배님이라고 불러주니 감사했습니다.

본관 교정을 둘러보며 교실, 특별실 곳곳을 가 보고 우리들이 자랑하던 교실 앞 테라스에 나가 사진도 찍었습니다. 여고 시절 친구들과 테라스에 나가 조잘거리던 내 모습이 보입니다. 후배 아이들을 만나니 뽀송뽀송 젖살까지 보이는 듯합니다. 풋풋했을 나의 여고 시절이 떠올랐습니다. 갑자기 눈시울이 뜨거워졌습니다.

대부분 60, 70대의 할머니 동창생들 100명이 함께하는, '내 고향 바로 알기' 동창회다. 내가 안동 출신이라고 하면 사람들이 안동에 관해 가끔 묻곤 한다. 그러나 나는 우리나라 사람들이라면 웬만한 사람들이 다 알고 있을 만한 내용인 도산서원, 하회마을, 안동댐, 월영교가 있다는 정도밖에 말할 수 없었다. 나도 수박 겉핥기 정도로 알 뿐이었다. 안동문화를 체험할 수 있는 도산서원 선비문화수련원에서 1박 2일 일정의 동창회를 연다고 하니 이 얼마나 좋은 기회인가. 무조건 곧바로 신청했다.

서울, 대구, 안동 전국 각지에서 모였다. 입교식은 수련원에서 진행되었고 세 그룹으로 나누어 움직였다. 우리 팀은 먼저 퇴계의 숨결을 느낄 수 있는 도산서원으로 가서 그 시절의 강당 격인 전교당에서 화관을 쓰고 알묘례를 위한 전통 복장을 갖추어 입었다. 별유사(別有司 ; 서원의 살림을 총괄하는 사람)의 안내에 따라 퇴계 선생의 알묘례 체험 행사에 참여하니, 마치 퇴계 선생을 만난 듯 경건한 분위기가 된다. 모임을 할 때면 늘 시끌시끌하기만 하던 여고 동창 모임이 이렇게 특별할 수도 있다.

알묘례를 한 후, 종가로 이동하여 16대 종손(이근필 옹)을 만난 시간은 특별했다. 종가의 대청마루에 오르자, 연세가 아흔이 넘는 그분이 나와서, 서로 예를 갖추는 인사를 하게 되었다. 종손이 큰절을 먼저 하니 당황해하며 모두 엎드려 엉겁결에 따라했다. 하긴, 우리가 어렸을 때 큰집에 가거나 외가에 가면 큰절을 올렸었고, 처음 결혼해서도 시댁에 가면 큰절을 올리곤 했었다. 종손은 그것을 그대로 실천하고 있다. 이야기 나눌 때도 계속 무릎을 꿇고 예를 표하며 우리 앞에 앉아 있다. 나도 엉거주춤 무릎을 꿇으려다 힘들어서 양반다리로 앉았다. 귀가 안 들린다고 하면서도 그분의 신념인 조복(造福)에 관해 이야기해 주는 모습이 생경하다. 조복(造福)이란 자신의 힘으로 복을 만들어 가라는 뜻이다. 그 연세에도 매일 100장씩 써서 오신 손님들에게 배부한다고 하고 그것을 받고 싶어 하는 사람들이 많다고 하니 퇴계 선생의 삶과 정신이 잘 전해지고 있는 듯 느껴진다. 강의실로 돌아와 부원장이 다시 안내하고 나누어 주었다. 덧붙여서, 그 친필을 모셔두지 말고 식탁이나 잘 보이는 곳에 두어야 실천할 수 있다는 당부를 해 주었다. 퇴계 선생의 배려와 선비정신을 조복에 담아 전하려는 종손의 마음이 느껴진다.

우리가 나갈 때 문 앞까지 나와서 배웅해 주면서 차가 멀리 갈 때까지 손을 흔들어 주는 모습에 그곳을 방문하는 사람 모두를 가족처럼 생각하는 듯해서 마음이 따뜻해지기도 했다. 우리가 떠난 후 더 쓸쓸해하지 않을까, 상대의 마음을 느껴보는 내 모습도 보인다. 퇴계 선생을 조금이나마 닮아보고 싶은 내 모습을 보니 여길 다녀가면 퇴계를 닮고 싶어지나 보다.

다음 날 새벽 5시 30분에 기상과 함께, 퇴계 선생 산책로 걷기에 참여했다. 나는 아침잠도 많고 부지런하지도 않은 사람인데, 일찍 일어나겠다고 다짐하고 미리 알람을 켜 놓아 시간 맞추어 나갔다. 일부를 제외하고는 대부분이 참여한 듯하다. 수련원에서도 이렇게 많은 사람이 산책에 참여한 건 처음이라고 한다. 안동여고인, 우리는 참 부지런하다.

산책 중에 연수원 지도위원이 1,000원짜리 지폐의 확대 사본을 보여주며 앞면의 퇴계 선생을 보여주었고, 뒷면의 그림에 대한 설명과 함께 그 위치를 알려주었다. 도산서원 앞에서 약간 오른쪽으로 걸어 나가면 딱 그 모습의 그림 같은 전경이 보였다. 그림은 겸재 정선 선생의 「계상정거도」이며, 자세히 살펴보면 배산임수의 작은 암자에 퇴계 이황 선생이 책을 읽고 있는 모습으로 추정된다고 한다. 아무 생각 없이 보곤 했던 지폐를 다시 보게 되었다. 1,000원에 그려져 우리나라 곳곳을 누비는 퇴계 선생은 돈 욕심이 없으셨을 것이다. 청렴하고 겸손하셨던 분, 평생 학문에만 전념하신 분이 지금 이렇게 우리 지폐에 담겨서 전국 방방곡곡을 누비고 있다는 건 아이러니다.

이육사 문학관도 찾았다. 이육사도 퇴계의 후손이다. 그분의 삶에 대해서 한 분뿐인 따님 옥비 여사에게서 들을 수 있었다. 담담하게 아버지 이육사의 마지막 모습을 떠올리며 이야기해 주었고, 여고 동창생들이라, 남편을 살리기 위해 애썼던 옥비여사 어머니의 지혜로웠던 일화를 듣고 모두 숙연해졌다. 수인번호 264에서 따 온 이름, 이육사, 투옥을 17번이나 당하였고 해방을 한 해 앞둔 1944년에 돌아가셨다는 이야기는 안타까운 마음을 떨칠 수가 없었다. 마지막 옥고를 치르러 갈 때 세 살 딸 옥비 여사가 아버지 이육사를 만난 부분 이야기를 들을 땐 가슴이 더 아파졌다. 일제에 항거했던 저항시인 이육사를 함께 느끼며 「광야」를 낭송하면서 모두 울먹인 시간이 되었다.

수련원에서의 수료식을 마친 후 우리는 안동에 있으면서도 잘 알려지지 않았지만, 꼭 한 번 가 보는 게 좋다는 예쁜 벽화마을인 선비 순례길 1코스의 예끼 마을과 선성수상길, 그리고 최근에 개관한 유교 박물관을 다녀왔다. 안동에 이렇게 예쁜 곳이 있는 줄 처음 알았다. 선비 순례길의 고즈넉한 풍광을 가슴에 품고 우리의 모교로 향했다.

당신께로 가는 우리들의 몸과 마음엔 1박 2일 「정신문화의 수도」 안동의 선비정신을 잘 느끼고 온 듯, 조신한 선배들이 되어 있습니다. 퇴계의 종손이 우리 모두에게 준 글, '조복(造福)'을 품에 안고 참 배려인의 예절 바른 소녀가 되어 보기도 합니다. 모교에서 맞아주는 정성 담긴 차 한잔과 선생님들의 환대로 고향의 향이 더 배가 되는 듯합니다. 사랑하는 당신, 당신을, 내 고향 안동을 더 사랑하겠습니다. 이런 동창회 보았나요?

〈2023년 8~9 격월간 에세이스트 110호 수록 일부 수정〉

『왕년의 교사』 출간 준비 중인 2024년 3월 7일 퇴계 선생의 16대 종손 이근필 옹의 별세 소식이 전해졌다. 그가 전해 준 정신 '조복(造福), 그리고 그간 퇴계의 후손으로서 보여주신 삶의 모습, 많은 사람이 잊지 않을 것입니다. 그날 우리가 종가를 떠나는 시간, 가족을 보내듯 차가 멀리 떠날 때까지 배웅하시던 모습 눈앞에 어른거립니다. 우리 모두의 큰 어른, 영면을 기원합니다.

학교 밖에서

하얀 세상이 그립다

아침에 일어나니 밤새 하얀 눈이 내려 수북이 쌓여있다. 깜짝 놀랐다. 베란다에서 내려다보는 세상은 아파트 건물 사이사이가 온통 하얗다. 주차장인 것을 모르고 보면 그냥 하얀 들판처럼 보인다. 자동차가 놓인 곳은 네모 형태 자동차 무늬가 일렬로 어그러진 바둑판처럼 느낄 수 있을 정도이다. 아파트 경비아저씨가 사람들이 걸어 다닐 수 있는 길만 먼저 치우고 있다. 차가 다니기 힘들 정도이다.

'아휴, 이 길을 뚫고 어떻게 가야 하나? 서둘러 가야 하는데…….'

나의 출근길이 걱정이고, 학교 주변이 온통 눈길일 테니 아이들 등굣길도 걱정이다. 아이들 등교하기 전에 눈을 치워 놓아야 학교에 오는 아이들이 안전하게 올 수 있다는 책임감이 발동하고, 마음은 급해진다.

이런 때는 서울에서 김포까지 출퇴근하고 있는 먼 거리 출퇴근의 어려움이 느껴진다. 학교 이곳저곳이 걱정이다. 약간의 경사가 있어서 눈이 쌓여있으면 미끄러울 수 있는 학교 앞 수로에 놓인 작은 다리를 건너야 하는 아이들도 있다. 거기도 눈을 쓸어야 하고, 후문 쪽으로 오는 길도 빙판이 되어 있을 수 있다. 그쪽도 쓸어두어야 한다. 주차장은 자동차가 들어오기 전에 눈을 좀 치워두어야 한다. 그대로 차가 들어오고 나면 자동차 아래 눈을 치울 수 없어 얼어버리면 그 빙판이 한동안 유지되어 주차에 어려움도 생길 것이고, 아이들은 그곳을 놀이터로 생각하고 놀 것이기 때문이다. 집이 학교와 가까웠으면 빨리 가서 학교를 돌아볼 수 있을 텐데 하는 생각이 든다. 길이 미끄러워 운전을 잘 해낼 수 있을지 걱정이지만, 서둘러 차에 시동을 걸고 학교로 향했다.

다행히 큰길은 어느 정도 치워져 있어서 조심조심 운전해서 갈 수 있었다. 외곽으로 나가니 눈은 더 쌓여있고 운전하기 힘들었다. 다리를 지나야 하는 곳에서는 거의 기어가다시피 운전해야 한다. 브레이크도 세게 밟지 말아야 한다. 서행하면서 앞차와 간격을 두면서 천천히 천천히 가야 서로 부딪히지 않고 갈 수 있다. 그러나 길옆에 운전을 포기한 차가 서 있기도 하고 한쪽 구석에 미끄러져 박혀있는 차도 있다. 더 긴장되었다. 교장이 학교에 가 있어야 학교 상황을 완전히 파악하고 필요한 조치를 할 수 있다. 길이 미끄러워 학교에 못 간다는 것은 있을 수 없다.

학교가 있는 김포로 들어서니 온통 하얀 세상이다. 자동차 안에서 보이는 장면은 자동차 영화를 보고 있는 듯하다. 하얀 눈꽃이 핀 나뭇가지도 뒤로 느린 비디오 영상이 되어 사라진다. 옷을 입고, 좌우의 들판도 산도 모두 하얀 세상 눈꽃 세상이다. 자동차는 점점 느려지고 있고, 학교 상황이 걱정된다. 출발하기 전 학교로 전화해 폭설 상황에 관해 이야기 듣고 부탁도 하긴 했지만, 학교 바깥 등굣길은 학부모회장과 녹색어머니회장의 도움을 받아야겠다는 마음으로 전화했다. 마침 전화를 곧바로 받았고, 교문 밖 등굣길은 학부모회에서 흔쾌히 도움을 주겠다고 한다.

"저희가 교문 밖 등굣길 눈은 치우도록 연락하겠습니다."

학교에 도착하니 학부모회에서는 근처 등굣길과 수로 다리 위의 눈을 치우고 있고, 학교 가까이에 살고 있는 교사들도 일찍 출근해서 교내 건물 주변과 주차장 등의 눈을 치우느라 바쁘다. 감사하다. 나도 얼른 차를 세운 후 합세해서 눈을 치웠다.

이뿐 아니라 겨울이면 폭설로 힘들어하던 일들이 많았다. H초등학교에 근무했던 어느 날은 아침에 폭설이 내려 입학식 시간을 조정해야 했다. 먼 거리에서 출퇴근하는 교직원이 많아 눈 오는 날 출근에 대한 애로도 있었지만, 시골 지역이라 학교에 오기까지 길이 막혀 눈길을 뚫고 등교하는 것도 쉽지 않아 늦어지기도 하니, 시간을 늦출 수밖에 없었다.

정년퇴직을 얼마 남겨 놓지 않은 2~3년 전부터, 겨울이 되어도 폭설이나 빙판으로 아이들 안전 걱정하지 않게 되었다. 겨울에 폭설이 내리지 않았기 때문이다. 겨울이면 당연히 볼 수 있었던 하얀 도시, 하얀 눈꽃이 사라졌다. 우선은 편했다. 일찍 출근해서 교직원을 동원해 눈을 치울 일이 없으니 말이다.

아침 등교 시간에, 학부모회 엄마도 아이들 챙겨서 등교시키면서 학교 주변 눈 치우러 나오는 고단함은 사라졌다. 눈 치울 걱정 없는 겨울은 눈꽃 낭만이 사라진 것, 눈 치운 후 차 한잔하며 대화를 나눌 수 있는 소통의 시간이 없어진 것에 대한 아쉬움도 있다. 그러나 그보다 더 심각한 문제를 걱정해야 한다.

과일의 원산지 지형이 달라지고 있다. 사과 산지는 점점 북쪽으로 올라가고 열대과일이 우리나라에서 생산되기도 한다. 북극 빙하의 면적도 줄어든다고 한다. 이상기온으로 지구 온난화 현상을 맞닥뜨려 불안해하기도 한다. 요즘 겨울에 눈이 적게 오니 그 또한 걱정이다.

레이첼 카슨의 『침묵의 봄』에서 사라진 새들의 지저귀는 소리가 무엇을 의미하는지, 겨울에 흔하게 볼 수 있었던 눈꽃이, 눈 오는 날이 사라지고 있는 것의 의미가 무엇인지 생각해 보게 된다. 퇴직 후 함께하게 된 탄소중립 봉사단체가 있다. 올해부터는 좀 더 적극적으로 참여해 보아야겠다.

용기가 필요하다

주말이다. 우리 부부는 양평에 마련한 별장에 다녀온 후, 저녁에는 성당미사에 참여했다. 늘 가는 성당이 아니라 늦은 시간에 미사를 할 수 있는 다른 성당이다. 강론이 귀에 쏙쏙 들어오게 하시는 신부님 말씀이 오늘도 그대로 내 귀에 꽂혔다. 성당에서 초등학생을 위한 산타 행사를 하는데 아이들의 크리스마스카드가 성당 가운데 크리스마스트리에 달려있다고 한다. 그 카드에는 아이들이 받고 싶은 선물 이름과 선물해 주신 분을 위한 기도 약속이 적혀있다는 것이다. 머릿속으로 계산이 왔다 갔다 했다.

'선물이 혹시, 너무 비싼 것은 아닐까? 그래도 초등학생이 원하는 것이니 비싼들 얼마나 비싸겠는가! 괌 여행을 앞두고 몸과 마음이 바쁜데 선물을 구매해서 다시 성당에 갖다 놓아야 하니 시간이 될 것인가!'

미사를 마치고 나오면서 보니 신부님 말씀대로 성당 로비 가운데 크리스마스트리가 놓여있고 위쪽에 아이들의 카드가 꽂혀 있었다. 그리고 아래에는 벌써 누군가가 사다 놓은 아이들의 선물들이 즐비하게 있었다. 아직 남아 있는 카드들이 있었다. 아이들은 오며 가며 볼 것이다. 자기 카드가 그대로 있으면 얼마나 실망할 것인가. 신부님은 성당 입구에서 미사를 마치고 돌아가는 신자들께 인사를 건네고 계셨다. 그런 생각을 하면서도 선뜻 카드를 가져오지 못했다. 크리스마스트리를 지나쳐서 로비를 나왔다. 밖으로 나오니 성모님의 미소가 보인다. '그래요. 바쁘시지요.' 하시는 것 같다. 망설이면서 그냥 지나치는 내 모습이 용기 없는 사람으로 비쳤다. 남편과 이야기했다.

"우리 카드 한 장 가져올까요?"

"그러지 뭐"

남편은 좋은 일을 하는 데에 토를 다는 사람은 아니다. 단지, 늘 즉흥적인 나의 성격을 이야기하기도 한다. 오늘은 두말하지 않고 그러자고 하니 고맙다. 다시 들어가 눈앞에 바로 보이는 빨간색 카드를 한 장 가지고 나왔다. 한 명의 아이를 위한 카드를 들고나왔는데 내 몸에 기쁨이 가득해지는 기분이다. 성당에서 이렇게 행복한 프로그램을 운영한다는 게 대단하다는 생각이 들었다. 한 명의 아이에게라도 선물을 준비해 줄 수 있을 것 같아 기쁘다.

집으로 돌아와 카드를 열어보았다. 초등학교 5학년 아이의 정성 들여 쓴 글씨가 보였다. 아이가 원하는 선물은 내가 처음 보는 선물 이름이었다. 네이버로 검색하고 살 수 있는 경로를 자세히 써 두기도 한다. 그런데, 그대로 검색해 보니 없다고 나온다. 낭패라고 생각되었다. 자기 카드가 사라졌으니, 선물을 받을 것이라고 기대하다가 선물을 못 받게 되면 아이가 얼마나 실망할지 겁이 났다. 남편과 다시 살펴보며 검색하니 찾을 수 있었다. 너무 기뻤다. 그 경로로 선물을 사려면 며칠 기다려야 할 것 같았다. 괌 여행을 떠나고 선물이 도착하면 낭패다. 내가 자주 이용하는 K몰에서 다시 검색하니 다음 날 바로 도착할 수 있다고 한다. 거기다 무료배송까지 해 준다. 너무 기뻤다. 괌 여행 전에 선물을 성당에 갖다 둘 수 있겠다.

선물이 도착했다. 내가 좋은 선물을 받은 듯이 너무 기뻤다. 내가 아는 건 단지 5학년인 것과 이름, 세례명만 알 뿐이다. 그 외에는 얼굴도 어디 사는지도 모르는 아이이지만 아이가 받고 기뻐할 것을 생각하니 설레는 마음이 가득하다. 우리 손녀가 선물 받고 "할머니 좋아, 할머니 좋아."하면서 기뻐하는 모습이 함께 떠올랐다.

쇼핑백에 선물을 넣고 메모지에 5학년 아이의 이름과 세례명을 쓰고 아이에게 축복을 주는 메시지를 함께 써서 아이가 잘 볼 수 있도록 붙였다. 그리고 아침 일찍 성당으로 향했다. 선물을 들고 가는 내가 참 이쁘게 느껴진다. '하느님 보시니 좋았다.'라는 말이 떠올랐다. 비록 크리스마스트리를 지나쳐 나왔지만, 다시 들어가 카드 하나 가져오기를 잘했다는 생각이 든다.

좋은 일에도 용기가 필요하다. 일요일 미사를 마치고 나오면서 곧바로 크리스마스트리를 향해 가지 못했다. 복잡한 머릿속 계산을 하고 있었다.

'너무 비싸지 않을까? 바쁜 일이 겹쳤는데, 선물을 구매해서 다시 성당으로 와서 갖다 놓아야 하는데 시간이 될까? 어쩌나?'

초등학생이 원하는 선물 하나 준비해서 주는데 이런 구차한 머릿속 계산을 하다니! 미사 마치고 나오면서 곧바로 카드를 못 가져 나오고, 용기(?) 내어 다시 들어가서 가져와야 하다니…. 그런 나를 보고 내가 웃는다. (2022년 12월)

시간 여행

아버지 돌아가신 후, 맞은 첫 생신이다. 첫 생신은 그냥 보내지 않는다고 하여 육 남매가 모였다. 2남 4녀 우리 육 남매는 모이기만 하면, 늘 밤늦도록 어울려 논다. 엄마 좋아하는 48장 그림 카드놀이 하는 사람, 바둑을 두는 사람, 술잔을 기울이는 사람…. 이번에는 제사 준비하느라 놀이도 못 하고, 술상도 펴지 않았다. 이제 겨우 백일 정도 지났다. 늘 시끄럽던 육 남매가 조용하다. 아버지의 임종조차 못 지킨 나는 더욱 죄송한 마음뿐이다. 두 분만 살 때는 서로 정겹게 지내시지도 않았다.

"엄마는 아버지와 사시며 언제가 가장 행복했어요?" 조용함을 깨며 물어보았다.

"너그 아부지가 운전하는 차로 여기저기 댕기면서 옛날에 우리가 살던 영천, 고령, 대구를 한 번씩 다 가 보았다. 그때가 참 좋았지."라고 하신다.

고향을 떠나온 사람들이 늘 고향을 그리워한다고 하는 것은 누구도 부인할 수 없다. 엄마는 아버지와 사이가 좋지 않은 듯하면서도, 좋은 시간 여행을 하셨나 보다. 나도 교직 생활 42년을 마치며 정년퇴직하고 나니, 시간 여행을 다녀오고 싶었다. 코로나로 여행도 맘껏 못하게 되면서 퇴직 후 가장 먼저 가 보고 싶은 곳 중 하나는 나의 첫 발령지 학교이다. 그 시절 그곳으로 가 보고 싶었다.

많은 사람은 고향을 떠나 앞만 보며 살다가도 고향을 그리워하는 때가 많다. 첫 발령지 B 초등학교. 없어진 지 꽤 오래된 듯하다. 가끔 궁금해서 학교를 검색해 보면 어느 때부터인지 검색되지 않았다. 경북지역에서 경남지역으로 옮겨 가고 또 경기도로 옮겨 간 나의 근무지, 마치 고향을 떠나 객지로 떠도는 사람 같은 느낌을 받고 있다. 그 학교는 교직 생활의 고향처럼 나의 내면 저 깊은 곳에 머무는 듯하다.

남편을 만나 결혼하게 되면서 떠나온 후, 다음 해에 딱 한 번 찾아간 적이 있다. 선생님들을 모두 만나지는 못했지만, 몇몇 분과 즐거운 만남을 가졌고 그 후로도 간간이 연락했지만, 어느새 연락이 끊어졌다. 낯선 곳에서 새로운 사람들과 적응하며 살아가는 나는 뒤돌아볼 여유를 갖지 못한 채 살아가느라 그 후 더 이상 가 보지는 못했다. 학교는 시골 작은 학교로 고향처럼 다가오는 학교이다. 순수하고 정 많았든 선생님들과 친구처럼 지냈든 아이들을 떠올리게 되고 늘 그리워하게 된다.

다음 날, 나는 첫 발령지 학교를 찾으러 떠나는 여행을 하기로 했다. 남편이 동행해 주었다. 남편이 보는 내 모습은 마치 이산가족으로 지내다 고향을 찾는 모습으로 보였을지도 모른다.

고속도로를 타다 김천 요금소를 빠져나왔다. 지도 검색을 해 보아도 역시, B학교는 없었다. 김천은 많이 변해 있었다. 가까운 다른 초등학교를 검색해서 그 주변을 살펴보았다. 도로도 많이 달라졌고 지도도 많이 변했지만, 그 주변 위치를 확대해서 찾아보니 학교 주변은 확인할 수가 있었다. 학교 건물도 그대로 있다. 학교 앞 문구점이었던 작은 집도 그대로 지도상에 보였다. 학교 건물의 이름은 00기술연구소로 바뀌어 있다. 남편이 목적지를 설정하고 그 길을 따라 운전해 주었다. 나는 가슴이 벅차올랐다. 기다리는 사람도 없는 곳으로 향하는 내 마음이 이렇게 뛸 줄은 몰랐다.

길가의 녹색 나무들은 내가 떠났던 그때부터 그대로 그 자리에서 '언젠가 나를 만나러 오리라.' 기다리고 있는 듯하다. 버스를 타고 출퇴근하던 그 길도 많이 바뀌어 있다. 그때는 김천 시내에서 산등성이를 굽이굽이 돌아 넘어갔던 도로가 학교 앞까지 연결되어 있었지만, 지금은 시내에서 학교로 가는 길은 새롭게 넓은 자동차 전용도로로 바뀌어 있고 학교가 있던 곳으로 가려면 새로 난 도로에서 빠져나가 짧은 옛길로 얼마간 가야 했다.

드디어 학교가 있던 장소에 다다랐다. 남편이 차를 학교 앞에 주차해 주었다. 나는 차에서 내려 교문 앞에 섰다. 교문의 'B초등학교'는 '00기술연구소'로 바뀌어 있다. 학교 건물은 그대로인데 운동장은 깊게 팬 곳도 있고 산더미 같은 모래 산으로 쌓여있다. 공사 차량이 작업을 하는 소리만 들린다. 교문 앞부터 학교 건물까지 줄지어 서 있는 소나무는 둥치가 많이 굵어져 있어 그동안의 세월을 보여 주고 있다. 갑자기 눈물이 앞을 가렸다. 그리고 흐느낌 소리까지 막 나왔다. 이유를 모르겠다. 이산가족이 그리워하던 고향을 찾아왔을 때 갑자기 나오는 흐느낌이 이런 것일까? 남편도 말없이 기다려 주고 있다. 나의 이 알 수 없는 기분을 이해하는 것일까? 둥치가 굵은 소나무는 자기 둥치가 가녀렸던 그 시절을 알고 있는 듯, 내 마음을 알고 있는 듯 내려다보고 있는 것 같다.

교문을 들어서 본관으로 향하는 길을 따라갔다. 너무 굵게 자라 낯설게 느껴지는 굵은 소나무 사이로 장학 기념 비석 둘이 서로 의지하고 지낸 듯 나란히 서 있다. 자세히 보니, 하나는 내가 근무할 때이던 1980년에 세워졌다. 장학 기념 비석 건립했던 그날이 어렴풋이 떠오르기도 한다. 그 둘을 없애지 않고 그대로 둔 연구소 담당자가 고맙게 느껴지기도 한다. 소나무와 장학 기념 비석이 있는 정원은 다듬어지지 않은 모습이다. 아이들의 조잘거림 소리, 선생님과 아이들이 관찰하고 사랑을 주었던 그 시절을 그리워하고 있지는 않을까? 본관 건물을 마주하니 아이들이 있을 때 사용되었을 것 같은 노란색 큰 시계가 고장 난 채 그대로 매달려 있다. 학교 건물은 내가 근무할 때 모습 그대로다. 오랫동안 색칠이 되지 않은 낡은 건물이다. 창문에 붙어 있는 오래된 아이들의 작품들도 그대로 붙어 있다. 마치 "시간을 거슬러 아이들이 있던 시간으로 가 보고 싶은 사람들은 여기로 오시오." 하는 것 같다. 그 또한 감사한 일이다. 아이들의 소리가 들리는 듯하다.

“선생님, 00 이가 뱀 잡았어요.

“선생님, **이와 ㅁㅁ이가 싸워요.”

“하나, 둘, 셋, 넷!!, 다섯, 여섯, 일곱~, 여덟!!”

“둘, 둘, 셋, 넷!!, 다섯, 여섯, 일곱~(소리 높여), 여덟!!”

운동회 연습 때 매스게임을 지도하던 내 목소리도 들린다. 갑자기 더 조용해지는 기분이다. 사람들이 보이지 않는다. 멀리 운동장 공사장 공사 차량에서만 소리가 나는 것을 보니, 그곳에만 사람이 있나 보다. 본관 건물을 지나 사택이 있던 곳으로 가 보고 싶어졌다. 남편은 멀리서 기다려 주고 있고, 본관 건물로 들어가기에는 약간의 무서움이 앞섰다. 내가 근무하던 그 당시 본관 건물과 사택 사이의 넓은 땅은 텃밭으로 관찰, 실습지로 가꾸어졌고, 사택은 교장 선생님이 사용하던 공간으로 사모님이 가끔 나와서 뛰노는 아이들을 보며 미소 짓기도 했던 곳이다. 지금은 그곳의 텃밭은 사라지고, 아이들의 작은 놀이터가 보인다. 낡은 그네도 매달려 있다. 사택은 사람이 살고 있는 것인지 알 수가 없을 정도로 삭막해 보인다. 7학급의 작은 학교이었지만 학교가 없어지리라고는 생각하지 못했다. 마치 내 고향이 사라진 것 같다. 이젠 내가 낯선 사람이라는 생각이 문득 떠오른다. 너무 먼 시간 여행을 떠나온 것처럼.

아이들이 없는 학교는 너무 삭막하다. 그 주변과 마을까지 모두 삭막해 보인다. 또 다른 곳에도 아이들이 없는 학교들이 있다. 도시의 학교조차도. 학교 건물은 큰데 아이들이 없어 빈 교실 관리가 힘들다고 하는 학교도 있다. 나는 또 다른 지역에서 근무하며 입학하는 아이들이 적어 인근 학교 주변의 아이들을 찾아 우리 학교에 입학해 달라고 학교 운영에 대해 홍보하며 다닌 적이 있다. 학교 홍보를 해서 한 명이 우리 학교로 입학하면 다른 학교 학생은 한 명 줄게 된다. 폐교 직전에 있던 학교가 홍보와 좋은 교육과정 운영으로 학생 수가 늘었다고 뉴스에도 가끔 나온다. 그건 결국 조삼모사와 같다. 모든 학교가 좋은 학교 운영을 해야 하는 건 당연한 일이다.

사람들은 학교에 입학하는 아이들이 점점 줄고 있다고 걱정한다. 나도 그렇다. 젊은이에게 '결혼하는 게 좋다. 결혼하면 자녀 많이 낳는 게 좋다'는 이야기하려면 조심스러워진다. 잘못 말하면 크게 오해받을 수도 있다. 우리나라는 개개인의 많은 생각들을 존중한다. 비어있는 교실 때문에, 아이들이 없는 학교 때문에 결혼을? 아이를? 당치 않은 논리다. 점점 비어있는 교실, 아이들이 없는 학교가 늘어날까, 봐, 텅 빈 마을이 늘어날까, 봐 두렵기조차 하다. 그러나 아이들은 우리의 미래다. 학교가 살아야 마을이 살고, 그 지역이 산다. 더 멀리 내다본다면 나라도 잘살게 된다.

내 고향을 다시 찾았을 때 평화롭게 나를 맞아 주기를 바라는 것처럼, 학교도 누군가 거쳐 간 그곳을 다시 찾았을 때 아이들 재잘거리는 소리 들으며 좋은 시간 여행이 되는 곳이면 좋겠다. 아기 울음소리가 여기저기 많이 들리면 곧 그리되지 않을까?

작은 학교 살리기의 의미 1

가을이면 운동장 가장자리가 온통 노오랗게 물이 드는 학교가 있다. 내가 2000년대 초 근무했던 학교이다. 은행나무 잎이 물든 이때면 모두가 낙엽을 밟는 시인이 되고 싶기도 하고 은행잎의 새로운 탄생으로 작가가 되고 싶기도 해 지는 곳이다. 학교에서는 아이들에게 맘껏 낙엽을 밟으며 자연을 느끼며 작별할 수 있게 시간을 주는 것이다. 떨어진 낙엽은 아이들의 미술작품으로 다시 살아날 수도 있고, 책갈피에서 새로운 탄생을 기다릴 수도 있다. 그들에게 기다릴 수 있는 시간을 준다. 수명이 다할 때까지 아이들과 함께 놀 수 있다. 학교 뒤 언덕을 넘어 조금만 걸어가면 가족 공원이 있다. 아이들이 수시로 활용할 수 있는 자연학습장이자 소풍 장소이다. 이 학교는 양궁 특성화 학교로 양궁장도 설치되어 있다. 학교급식은 지역 터줏대감 급식종사원들의 영향력(?)으로 친환경 식자재를 쓴다며 자긍심을 가진 교육공동체가 함께 하고 있다.

학교 평가제도가 처음 도입되었을 때 늘 우수학교로 지정되기도 했다. 학교 주변 환경도 아이들에게 주는 선물이고 지역공동체의 긍지와 함께하는 마음이 크니 이 또한 선물이다. 있는 그대로 이 학교는 졸업한 선배들도 자랑스러워하고 후배 사랑이 남달라 선배가 그들을 위한 지원을 아끼지 않는 학교이다. 할아버지가, 아버지가 다니던 학교에서 아이들이 다니니 3대가 동문인 사람들도 많다. 그냥 그대로 행복을 느끼는 학교이다.

그런데 최근엔 인근지역 학군의 아이들까지 이 학교를 찾아오니 주변 학교에서는 자기 지역 학생을 빼앗아 간다며 신경전이 벌어지기도 한다. 이렇게 좋은 조건의 학교이지만 작은 학교 살리기에 노력하지 않을 수 없다. 조금만 노력을 게을리하면 왔던 아이들도 되돌아가고 오지 않을 수도 있기 때문이다. 그 외에도 학교는 온갖 노력을 다한다. 안쓰럽기조차 하다. 아이들을 유치하기 위해서 하는 노력으로 보이기 때문이다.

2003~2005년 3년간 내가 근무한 이 학교는 K시 H면에 있는 작은 학교이다. 전교생이 4~500명, 15학급 정도이며, 한 학년이 80명을 넘기도 하고 안 되기도 한다.

해마다 학급당 학생 수를 줄이기 위해 노력을 하던 때라, 매년 학급당 기준이 조금씩 달라진다. 예를 들어 그 해에 학급당 기준이 40명이고 한 학년이 81명이라면, 3학급이 되어 그 학년은 한 학급 학생 수가 27명이 된다. 그러나 78명이라면 2학급으로 편성되면서 한 학급에 39명이 된다. 고작 3명의 차이로 학급당 학생 수가 어떤 학년은 39명이 되고, 어떤 학년은 한 반이 27명이 된다.

27명인 것보다 39명인 학급의 아이들은 선생님께 받은 사랑의 양이 다르게 다가온다. 학교생활에 어려움을 겪어서 아이들 간에 힘든 상황이 생기는 사례도 더 많이 발생하게 된다. 교사로서도 느끼는 부담감 차이가 크다. 자연히 교사 대부분은 3학급인 학년을 선호하게 된다.

학교는 아이들에게 좋은 교실 환경을 만들어 주기 위해서도 3학급으로 만들어 주기 위해 애쓰게 된다. 78명인 학년은 두세 명의 아이라도 전학해 오면 한 학급이 늘어나서 3학급이 되니, 학년말이나 신학년이 되기 전에 학교 홍보에 더더욱 애쓰게 되기도 한다. 물론 단순한 학년말의 홍보로만 아이들이 오는 것이 아니다. 학교의 좋은 프로그램 운영에 대해 오랫동안 쌓이고 지속적인 운영이 될 것이라는 믿음이 있어야 아이들이 오게 된다.

2000년대 초 15~16학급, 전교생 4~500명을 이루던 그 학교가 학교 홈페이지를 통해 살펴보니 2023년 전체 7학급의 전교생 100여 명의 학교로 바뀌어 있었다. 현재 1학년은 28명으로 1학급이다. 그런데 6학년은 31명으로 2학급이다. 한 학급이 15, 16명일 것이다. 2~3명의 학생 수 차이로 학급당 학생 수의 차이는 거의 두 배에 달한다. 6학년의 아이들은 한 학급이 15, 16명이니 담임께 받는 보살핌의 크기가 더 크게 느껴질 것이다. 반면에 1학년 아이들은 인원이 많아 담임께 받는 보살핌에 어려움을 많이 느끼게 될 것이고 학교적응에도 어려움을 겪는 아이들이 많아질 수밖에 없다.

학교에서는 1학년 아이들 유치하기 위해 많은 노력을 했을 것이다. 신학년에라도 아이들을 유치하여 아이들의 행복감은 높여주기 위해 학교의 프로그램 운영에 더더욱 힘쓸 것이다. 그러나 없는 아이들을 어디에서 데려올 것이며 이웃 학교에서 아이들이 빠져나오면 그 학교는 반면에 아이들이 줄어들게 된다. 결국 조삼모사와 같은 것이다.

작은 학교의 많은 노력이 아이들을 데려오기 위한 안쓰러운 노력의 활동이 아니라 진정으로 아이들과 교육공동체가 행복하기 위한 편안하고 자연스러운 활동이기를 바란다.

신도시 큰 학교 근무했을 당시가 떠오른다. 신학년이 되면 대형화된 신도시 학교에 입학할 아이가 부적응을 우려해서 또는 특별한 교육을 바라며 대안학교로 아이들을 보내는 학부모도 있었다. 그분들에게 말하고 싶다. 가까운 작은 학교로 가 보라. 공교육 속에서 여러 가지 특혜를 누리고 있는 대안학교보다 더 대안학교 같은 공교육을 받을 수 있는 학교가 있다.

작은 학교 살리기에 대한 의미 2

전교생 60여 명의 작은 학교 운동회날이다. 운동회는 온 마을의 잔치가 되기도 한다. 동네 어르신들의 점심은 학교에서 이루어진다.

학부모들이 학교 급식실에서 음식을 제공해 주는 식사 당번이다. 같은 지역 신도시의 일반 학교에서는 보기 어려운 모습이다. 점심시간이 지나고 전교생이 운동장에서 선생님과 학교 운영위원이 함께하는 농악놀이가 이어진다. 저학년은 소고를 잡고 고학년은 징, 장구, 북을 친다. 기수가 되어 깃발을 들고 가는 덩치가 큰 고학년 아이도 있다. 선생님은 꽹과리를 치고 학부모 운영위원 한 분은 태평소를 분다. 옷은 하얀 바지저고리를 입고 삼색 띠를 두르고 있다. 아이들의 머리는 삼색 꽃이 매달린 고깔을 쓰고 신나게 참여하고 있다. 마을 어르신들이 함께 춤을 추며 즐기기도 한다. 고전음악이 흐르는 영화 속한 장면 같다.

처음 교감 발령이 나고 맞은 작은 학교 운동회였다. 온 마을 사람들이 함께하는 운동회, 학생으로 학교에 다니던 시절과 교사로 학교에 근무했던 시절을 모두 통틀어도 그해 그날의 운동회만큼 감동적인 기억이 있었을까! 준비 과정에서 본 선생님들의 헌신적인 모습에 더 감동하고 있어서였을까 운동회가 끝나고 교감인 내가 청군, 백군의 성적을 발표하러 조회대에 올라갔을 때 성적 발표보다 감동표현을 먼저 하고 싶었다. 영화 장면이 슬로비디오로 흐르듯 가슴이 벅차올라 성적을 발표하기 전 운동장에 모여선 학부모와 지역민들 앞에서

"여기 모이신 모든 분의 모습이 영화의 한 장면처럼 그려지고, 저도 그 영화 속의 한 인물로 하루를 보낸 것 같습니다."

하고 먼저 말하게 되었다. 마음과 마음이 어우러지는 그것이 그대로 보이는 운동회, 내가 경험했던 가장 훌륭하고 멋진 운동회였다. 서로서로 주어진 일을 먼저 나서서 했고 선생님들 사이의 끈끈함은 모두 한 가족처럼 느껴졌다. 몇몇 교사들은 출근하면서, 거리가 멀어 등교하기 힘든 아이들을 직접 집으로 데리러 가고, 하교 후에도 집까지 데려다준다. 시골 학교로 찾아들어 온 다문화가정을 위한 특별한 프로그램을 운영하면서 따뜻이 돌보았던 것 또한 잊을 수 없다. 모두가 교사들의 헌신이 앞장서고 있었다. 교직 생활을 하면서 이렇게 마음이 모인 모습을 본 적이 없었다. 나도 그 사람들과 함께 어우러져 살고 싶어졌다.

4, 5, 6학년 고학년은 모든 아이가 해금을 연주할 수 있게 지도하여, 지역사회에 행사가 있을 때 공연팀으로 나가서 발표하기도 한다.

고학년 전교생이 참여하는 해금 연주 팀이라는 것은 어디서도 볼 수 없었던 팀이다. 작은 학교라 할 수 있는 것도 아니다. 교사의 열정, 학교의 지원이 없으면 할 수 없다. 원하는 아이는 플룻도 배울 수 있고, 오르간도 10대를 지원받아 배울 수 있게 되었다. 어느 날은 불법 체류 아버지가 갑자기 본국으로 송환되어 생계를 걱정하는 일이 벌어지기도 했다. 여러 가지 사정으로 어려움을 겪는 아이들이 많았고 큰 학교에서 적응이 어려운 아이들이 작은 학교인 이곳에서 가족처럼 지내니 잘 적응하는 모습을 보이기도 한다. 그때 나는 학교의 소규모화 필요성에 대해 선생님들과 이야기를 나누기도 하고 주장도 해 왔다. 작은 학교, 그리고 학급당 학생 수 줄이기의 필요성에 대해 많은 이야기를 했다. 학급당 학생 수가 많으면 교사의 한 학생에 대한 보살핌의 기회가 당연히 줄어들게 되어 있다. 집마다 한·두 자녀로만 구성된 요즘의 가정에서 자란 아이들은 모두 하나같이 자기에게만 관심 주기를 바란다.

입학 시기가 되면 작은 학교들은 비상이다. 학생 수가 줄어들면 한두 명 차이로 학급 하나가 줄어들기도 하고 늘어나기도 한다. 학교는 학교의 좋은 프로그램들을 홍보한다. 때로는 학교의 좋은 프로그램을 신문이나 전단 같은 홍보자료를 만들어 동네를 돌면서 아파트 관리사무실이나 학부모가 모인 곳으로 가서 홍보하기도 했다. 자기 마음에 드는 프로그램을 운영하는 인근 학교로 아이가 빠져나가면 그 학구의 학생은 줄어들게 되어 있다. 조삼모사다. 갑자기 아이들이 어디서 태어나는 게 아니다. 6년 동안 자라 온 아이들의 수는 일정한 것이다.

그 아이들을 서로 자기 학교로 데려오려고 한다. 자연적으로 아이들도 자기가 귀중한 존재임을 안다.

교감으로 발령을 받기 전 학교에서 교무부장을 하고 있을 때 일이 기억난다. 점심시간의 일이다. 급식실로 아이들이 줄 서서 들어갔다. 그날 식단 중 아이들이 좋아하는 메뉴 하나가 있었다. 모두 하나씩만 주어야 한다. 그런데 1학년 아이 한 명이 하나를 더 달라고 떼를 쓰고 있었다. 다른 아이들도 눈을 초롱초롱 뜨고 바라보고 있었다. 떼쓰는 아이가 받게 되면 모두 더 달라고 할 것이다.

"급식 선생님, 이것 하나 더 주세요."

"이건 안 돼, 다른 것은 다 먹고 나서 부족하면 더 줄 수 있어. 다 먹고 다시 와."

"힝~~, 나 그것 하나 더 안 주면 전학 갈 거야!"

웃지 못할 일이 벌어졌다. 아이들도 자기가 얼마나 소중한 존재인지 알고 있다는 것을 보여 준다. 학급당 학생 수를 줄여서 아이들이 건강하게 자랄 수 있는 환경을 만들어 주는 것도 중요하고, 학교의 좋은 프로그램 운영으로 아이들을 많이 데려오는 것도 중요하다. 그러나 그것보다 더 중요한 건 아이들이 근본적으로 좀 더 많아야 한다. 많이 태어나 "응애응애" 울음소리가 크게 울리는 대한민국이 되는 것이 더 중요하다.

마음의 문

출근 시간, 중앙현관을 들어서면 채 열기가 내 몸을 비추고 체온을 나타내어 준다. 자칫 잘못하면 집으로 돌아가야 하는 상황이 될 수도 있는 긴장된 시간이다. 등교하는 아이들은 교문을 들어서면서부터 일정 간격을 두고 차례차례 줄을 서며 입장해야 한다. 높은 체온이 감지되면 별도의 공간으로 분리되어 보건교사의 지시에 따라야 한다. 비상 상황이었다.

학교를 떠나기 직전 2020년 상반기 마지막 학기의 경험은 교직 생활 통틀어 가장 힘들 때였다…. 코로나 시기의 시작이었다. 3월 2일에 입학식을 못 하는 초유의 사태까지 맞았다. 입학식은 연기되었지만, 코로나는 더 확산하였다.

결국 온라인 입학까지 하게 되면서, 교실에는 소수의 아이만 등교하고 집에 있는 아이들과는 온라인으로 교육활동이 이루어졌다. 수업은

해야 하고, 학교에 아이들이 모두 올 수는 없어, 등교 학생 기준이 달라지니 연구부장과 선생님들은 그때마다 다시 계획 수립을 해야 하는 애로도 있었다.

전교생의 교육과정 운영 계획이 그렇게 많이 바뀐 건 아마 역사 이래 없었을지도 모른다. 혼란스러운 한 학기였다. 그 학기를 마지막으로 나는 정년퇴직을 했으니 이후 사정을 자세히는 모른다. 들려오는 이야기와 뉴스를 통해 본 학교는 점점 더 힘들어지기도 했지만, 안정을 찾아간 것으로 보였다. 그리고 힘든 3년이 지났다. 6.25 전쟁 3년을 보낸 것과 같지 않을까 하는 생각까지 해 본다.

그럼에도 우리나라 사람들은 참으로 영리하다고 생각된다. 어떤 문제도 해결해 낼 수 있는 저력이 있다는 것을 실감한 때이기도 하다. 코로나가 아니었으면 온라인의 대중화는 정말 먼 나라 이야기, 오지 않을 것 같은 미래세대의 일이다. 온라인 수업, 회의, 모임, 그것이 일부만 쓰는 게 아니라 방송을 비롯한 우리 생활 가까이서 누구나 사용할 수 있게 되었으니 말이다.

코로나 이후 온라인으로 활동하는 몇 가지 활동이 나에게도 자연스레 다가왔다. 참 편리하다. 독서 모임과 글쓰기 모임, 내가 속한 몇몇 단체의 온라인 강좌이다. 집에서 대화를 나누며, 전국 어디서든 연결해서 활동할 수 있으니 여간 편리한 게 아니다. 멀리 이사 간 사람도 함께할 수 있다. 코로나가 아니었으면 온라인의 세상이 이렇게 갑작스레 오지는 않았을 것이다. 디지털 세상으로의 혁명이다. 물론 초기에는 여러 가지 어려움이 있었다. 눈앞에서 대면으로 만나는 것과 어찌 같을 수 있겠는가.

그동안 학교는 거리 두기를 많이 하고 있었고, 등교하는 아이들의 수도 적었다. 아이들도 친구들 간에 부대끼는 일이 줄어들었다. 코로나를 이유로 서로 조심하는 분위기였으니 자연적으로 학교 폭력이나 학생 상호 간에 분쟁은 적었던 것으로 보인다.

위생개념에 대해서도 언급하고 싶다. 급식실과 교실, 사람들이 활동하는 공간은 투명 가림막을 설치하고 마스크 쓰기는 일상화되었다. 개인위생에 관해서도 더욱더 철저해졌다. 식당 문화도 많이 바뀌었다. 우리의 한식은 친밀함을, 동료애에 주안점을 두어서인지 식탁의 가운데 메인 요리는 함께 먹는 요리가 대부분이다. 그리고 친밀도를 높이기 위해 네 잔 내 잔 할 것 없이 술잔을 돌리며 먹는 으쌰으쌰 문화가 있었다. 지금은 완전히 바뀌었다. 이젠 식당에서도 개별 앞 접시는 필수이고, 메인 메뉴에는 공동 국자나 집게를 사용한다. 내가 사용하던 수저로 감히 메인 메뉴에 손이 가면 부끄러워진다.

말할 것도 없이 코로나 시절은 어둡고 긴 터널을 빠져나온 듯 힘들 때였지만, 코로나로 좋아진 것도 있다. 하늘의 공기가 맑아졌다. 그리고 위생개념이 확실히 달라졌다. 마스크 사용으로 독감 환자가 줄어들었다. 학교에서의 학교 폭력 상황이 줄어들었다. 내가 알고 있는 것들이다. 그 외에도 있을 수 있다. 그중 많은 것들이 코로나 종식과 함께 원래대로 환원되었다.

그중 학교에서 좀 더 깊이 있게 생각하고 대책을 세울 필요가 있는 부분이 있다. 학교 폭력과 관련된 문제들이다. 코로나가 끝나고 다시 대면 수업이 일반화되면서 거리 두기가 이루어지지 않는 원래의 교실로 되돌아왔다. 서로 조심하던 때와 달리 이전 모습으로 돌아온 교실은 삭막한 분위기로 돌아오지 않았을까 생각된다. 거리 두기가 필요하다는 것은 인식하게 되었지만 교실 공간의 크기는 그대로이고, 교실에서 학급당 학생 수 기준은 크게 줄어들지 않았다. 한정된 공간에서 부대끼며 지내야 한다. 아이들과 아이들 사이, 선생님과 아이들 모두 힘든 상황이 될 수도 있었을 것이다. 학교에서의 민원은 그러는 사이 늘어난 것으로 보인다.

심지어 민원이 늘어나 시달리던 선생님이 힘든 결정을 하는 일도 있었고, 학교를 떠나는 일도 늘어나고 있으며 교육대학교도 인기가 시들해지고 있다. 아이들과 함께 있어야 하는 교사들이 집단행동까지 해야 하는 일이 벌어지기도 했다. 그건 교사들에게 트라우마가 되었다.

최근 현직에 있는 선생님을 만나는 기회가 있었다. 교육 현장이 많이 달라졌다는 말, 허투루 하는 말로 보이지 않는다. 심지어 선생님들은 전근을 오갈 때, 가는 학교를 알리지 않기를 바란다고 한다. 가는 선생님, 오는 선생님을 현관에 안내하기도 하고 안내장 발송까지 하면서 정을 나누던 그 시절과는 너무나도 달라진 교육환경이다.

'오죽하면 그렇게까지 마음의 문을 닫아야 하나?'

반면에 최근 본 뉴스에서는 아픈 아이가 수술을 네 번이나 한 후 교실로 돌아왔을 때, 적응하기 힘들까 봐 깜짝 이벤트를 마련하여 감동을 준 선생님과 아이들에 관한 소식을 실어주었다. 그 뿐이랴, 뉴스에 나오지 않은 많은 분들이 학교에서, 교실에서 감동의 시간을 수시로 보내고 있을 것이다. 학교를 사랑하는 모든 사람들이 기억해 주면 좋겠다.

마음의 문이 닫힌 학교, 결코 아이들에게 좋은 환경이 아닐 것이다. 다시 마음의 문을 열고 아이들과 선생님들이 행복하기만 한 교실이 되길 기도해 본다.

<작가의 말>

꿈을 키우는 일, 꿈 너머 꿈을 생각하게 해 보는 일에 정성을 다하며 학교생활을 해 왔었고, 아이들에게 자기가 좋아하는 일, 하고 싶은 일을 찾을 수 있도록 도움 준 교사라고 자부하고 있었다. 정작 내가 좋아하는 분야, 내가 잘하는 것이 무엇인지 어떤 분야에 깊이 빠지는지 확신이 서지 않았다. 너무 바빴다는 핑계를 대면서…. 요즘 글을 쓰며 시간 가는 줄 모를 때가 있고, 그 시간 속으로 빠지는 내 모습이 자주 보인다, 아이들 이야기를 꺼내면 할 말이 많아진다. 손녀의 성장하는 모습을 보며 아들이 자랄 때 내가 어떻게 했는지 되돌아 보일 때가 있고, 내 주변의 모든 상황에서 학교에서의 아이들 모습이 보인다. 그 이야기를 쓰게 자꾸 쓰게 된다.

평생을 초등학교 아이들과 함께 지냈다고 해도 과언이 아니다, 내 주변 일상, 나의 마음을 돌아보면 모든 상황을 아이들 모습과 함께 떠올린다. 우리 동네 글쓰기 동아리 『글타래』에서 만난 글벗들에게 학교 이야기를 발표하게 되었을 때, 선생님들과 아이들이 함께 지내는 이야기에 갖는 관심이 크다는 것을 알았다. “선생님을 이해하는 시간이 되었어요.”, “그런 일까지 하는군요.”……. 그 반응들을 잊지 못한다.

꽤 오랫동안 참여하고 있는 독서동아리 『지금 여기』가 있다. 독서토론에 참여하는 날이면 또 학교이야기, 아이들 이야기를 예로 들며 이야기하게 된다. 그게 내게는 자연스럽다.

두 아들의 초등학교 일기장을 보면서 너무 재미있어 책으로 펴내주겠다고 한 적 있다. 약속을 지키지 못했다. 엄마로서 미안한 것이 많다. 젊은 시절 교사로서, 엄마로서의 어느 시절로 빠져드는 때는 나 스스로 부족한 것이 많았다는 것을 고백하는 시간이 되기도 한다. 경험이 쌓이면서 교사로서도 엄마로서도 성장해 가고 있었다는 것을 말하고 싶은지 모른다.

학교를 떠나온 지 3년이 지났지만 내 머릿속은 아직 학교 이야기로 가득 차 있다. 티를 내지 않으려 해도 자꾸 삐어져 나온다.

학교 이야기 쓰기를 시작하게 된 건 에세이스트 등단이다. 그 길에서 감사해야 하는 많은 분이 있다. 처음 이 길을 안내해 준 내 친구 전 에세이스트 작가 회장 배영숙과 수필가로 등단할 수 있도록 등대가 되어 주신 격월간 에세이스트 김종완 교수님, 출간 전 가장 꼼꼼히 퇴고에 도움 주신 울진의 전진수 박사님, 책의 얼굴 전반적인 표정에 관해 조언해 주신 안동여고 총동창회장 신난향 선배님, 독자로서 느낌에 대해 친언니처럼 챙겨 보아 주신 류성희 교장선생님께도 감사드린다.

이 책에 등장하는 사랑하는 가족, 지인 여러분, 가장 가까이에서 물심양면 응원해 준 나의 영원한 동반자께 특히 고마운 마음이다.

어려운 아이들을 위한 활동을 조금이나마 하겠다고 다짐한 적 있다.

작은 실천이 되기를 바라는 마음으로, 저자에게 이익금이 발생한다면 전액 어려운 아이들을 위해 쓰도록 계약했다. 작은 보람으로 나타나기를 소망한다.

왕년의 교사

아해사랑 이야기

1판1쇄 2024년 5월 16일

저자 이경란
발행인 이경화

발행처 디자인21
주소 04560 서울특별시 중구 퇴계로 293-1 3층
전화 02-2269-6561(대)
팩스 02-2269-6568
e-mail 21publish@naver.com
블로그 https://blog.naver.com/publish21
홈페이지 https://21publish.co.kr

등록번호 제1-1128호
등록일자 1991.2.12

ISBN 978-89-6131-149-6 03810

정가 13,000원